ユダヤ人と大衆文化

堀邦維・著

ゆまに学芸選書
ULULA
11

ULULA：ウルラ。ラテン語で「ふくろう」。学問の神様を意味する。
『ゆまに学芸選書 ULULA』は、学術や芸術といった様々な分野において、
著者の研究成果を広く知らしめることを目的に企画された選書です。

目次

目次

ユダヤ人と大衆文化

まえがき

「ユダヤ人」と聞くと何を思うだろうか。アインシュタインなどに代表される天才的な頭脳を持った科学者、つまり頭の良い人々というプラスのイメージを思い浮かべる人もいれば、反対に、シェークスピアの『ヴェニスの商人』に代表される高利貸し、ないしは金融業界を牛耳る守銭奴というマイナスのイメージも頭の片隅にあるかもしれない。また、ナチス・ドイツのホロコーストの犠牲者というイメージが『アンネの日記』などによってすっかり定着したかと思うと、近年ではニュース映像を通して中東のアラブ人たちを容赦なく攻撃する抑圧者というイメージも加わってきた。

いずれにしても、ユダヤ人は特殊な経験と考え方を有する人々で、われわれの普段の生活とはあまり関係のない存在のように思われがちである。このことは、ユダヤ人と接する機会の多かった西洋人にとっても似たようなもので、それが故に迫害や差別の対象にもなってきた。だがその一方で、近代以降のヨーロッパやアメリカでは、ユダヤ人の科学者や思想家や芸術家が活躍するようになり、尊敬と羨望の対象、そして時には嫉妬の対象にもなった。ユダヤ人のイメージは、常にプラスとマイナスの両極端のあいだを行き来して、なかなかその実像が定まらないのが現実である。

以前、私はアメリカの知的文化のなかでユダヤ系知識人がいかにして台頭するようになったかについて書いたことがある（『ニューヨーク知識人――ユダヤ的知性とアメリカ文化』彩流社、二〇〇〇年）。そこで明らかにしたのは、ユダヤ人の知的世界での成功は、迫害や差別の原因となる自らの民族的特殊性を乗り越えるために、普遍的価値を執拗なまでに追い求めた結果であったということである。ユダヤ人が生来とくに優れた頭脳の持ち主であるという考え方を、私は取らない。むしろユダヤ人の歴史的あるいは社会的な経験の特殊性が、彼らをそのように方向づけたと考える。

本書の刊行を思いついたのは、ユダヤ人が思想や学問などの知的文化だけではなく、アメリカのごく日常的な文化、つまり大衆文化においても、際立った活躍をしていることが以前から気になっており、それを日本の読者の方々にも知ってもらいたかったからである。扱う分野が多岐にわたっているため、いろいろな資料を調べる必要があったが、その過程で思わぬ発見に出くわすことも多かった。このような情報の数々も、読者の方々と共有できればと思う。

本書は、第Ⅰ部と第Ⅱ部に分かれている。第Ⅰ部では、ユダヤ系移民たちがいかにしてアメリカ大衆文化を創り出し、それらを担っていったかを、各分野別に概観する。それはとりもなおさず、ユダヤ人が一九世紀後半以降、旧大陸から移民としてアメリカに渡ってきたのち、いかにしてこの国を自分の祖国としていったのか、つまりユダヤ系移民にとってのアメリカ経験がいかなるものであったかを、彼らの社会進出の在りようとその結果から見ていくということになる。

一九世紀末から二〇世紀初頭にかけて、ユダヤ人が大量に移民としてアメリカに流入してきた頃には、生活の糧を得ようにも国の産業の基幹である農業や鉱工業の分野には、もはや彼らの進出する余地は残されていなかった。それらの産業のほとんどは、アメリカ建国を成し遂げた最大の多数派である英国系の人々（ワスプ）によってすでに独占されていたからである。

折しも、東欧や南欧からの急激な移民の流入と急激な産業化によって大都市には多くの労働者があふれ始め、彼らに衣類や食品といった必需品だけでなく、労働のあいまの余暇を過ごすための手軽な娯楽を供給する必要があった。ユダヤ人はこのような社会状況を背景に、当時にわかに興り始めていた娯楽産業や服飾産業や食品業、いわゆる隙間産業に進出していくのである。

ニューヨーク市内各地にはユダヤ系移民が集住するユダヤ人街、すなわちユダヤ・ゲットーが存在した。彼らはユダヤ・ゲットーを拠点に、芝居小屋や映画館などの経営に乗り出し、貧しい労働者たちに束の間の娯楽を提供し始める。それはやがて、ハリウッドの大映画スタジオやブロードウェー・ミュージカルなどへと発展し、アメリカのショービジネスに新たな形式と繁栄をもたらした。また、ラジオやテレビといった新しいメディアの到来にも迅速に対応し、放送の三大ネットワーク（ＡＢＣ、ＮＢＣ、ＣＢＳ）の基礎を築き上げた。スーパーマンやベティ・ブープなどの人気キャラクターの数々もユダヤ人が創り出したものである。

さらには、ユダヤ人が考案した作業着としてのジーンズはアメリカを象徴するファッションへ、小さな衣料品店はメイシーズのような巨大デパートへと発展した。ホットドッグやベーグルのような今では世界中の人々が食するようになった食べ物も、ニューヨークのユダヤ人のあいだから広がったものである。純粋にアメリカ的とわれわれが思っていた様々なアメリカ文化の発生には、実は新参者で全米の人口の二パーセントにも満たないユダヤ人が大いに関わっていたのである。この意外な事実の背景的事情も、第Ⅰ部では明らかにしていくつもりである。また、第10章では、ユダヤ人のギャングについて書いた。この事実には多くの人たちが驚かれるであろう。

第Ⅱ部では、少し目先を変えて、ユダヤ人が大衆文化ないしは大衆をどのように捉えていたかを知識人の目を通して検討する。この知識人たちは、第Ⅰ部で見るような大衆文化の担い手たちと同じユダヤ・ゲットーの出身であるにもかかわらず、大衆文化に対しては否定的な立場を取り続けた。そればかりか、彼らのなかにはむしろ、大衆への〈恐れ〉といったものさえ存在した。それがどのような理由によるものであるか、そして彼ら知識人たちは、〈大衆〉そのものをどのように捉えていたか、ヨーロッパのユダヤ系知識人たちの議論も交えながら考えてみたい。そこには、おのずとホロコーストの犠牲者としてのユダヤ人像も浮かび上がってくるはずである。

ところで、第Ⅰ部と第Ⅱ部とでは、同じテーマを扱いながらもアプローチの仕方が全く異なる。したがって関心の向き具合で、順番を入れ替えて読んでいただいても全く問題はない。第Ⅰ部は、ユダヤ人が実際にどのようにアメリカ大衆文化を創出し、担っていったかを事実に即しながら書き綴った。比較的スムーズに読み進むことができるはずである。他方、第Ⅱ部は、大衆からの距離を保っていたユダヤ系知識人たちの観察や論考について詳述した。そのため、どちらかと言えば、論述という体裁を取っている。第Ⅰ部にくらべると簡単には読み進めないかもしれないが、ここで扱う内容は、ユダヤ人と大衆文化の関係を考える上で、いくつかの重要な問題を含んでいる。とりわけ、「ナショナリズム」、「キッチュ」、「ホロコースト」、「ディアスポラ」といったキーワードをユダヤ人の歴史的境遇との関連で見直すことは意義深いと考える。

最後に、本書で扱うユダヤ人とは、実質的にどのような人々であるのかについて、若干の説明を付け加えておきたい。結論から言えば、本書で「ユダヤ人」あるいは「ユダヤ系」と称する人々はすべて、故国を離れて他国で暮らすようになった人々、つまり次に説明するような「ディアスポラ」のユダヤ人であり、イスラエルという国に暮らすユダヤ人ではない。現在、世界には一、三八五万人ほどのユダヤ人がいるが、そのうちイスラエル国籍を有するのは、六〇一万人ほどで、いまだに八〇〇万人ほどのディアスポラとしてのユダヤ人が、アメリカ合衆国の五四二万人を筆頭に、カナダ、ヨーロッパ各国、旧ソ連の各国、南アメリカなどに分散して暮らしている。

歴史を紐解けば、ユダヤ人の起源は紀元前二〇世紀にまで遡ることができる。しかし、一つの民族としてまとまるのは、エジプトで奴隷状態にあった彼らが紀元前一三世紀にモーゼに率いられて、エジプトを脱出したときである。逃避行の途上、シナイ山において神はモーゼに自らがイスラエルの民の神ヤハウェであることを告げる。そして神を愛し、十の戒めを守るなら千代に及ぶまで恩恵を施すとして「十戒」を授ける。ここに唯一絶対神ヤハウェを信奉する集団としてのユダヤ民族が成立する。

国としてまとまるのは紀元前一一世紀のことで、二代目の王ダビデは、紀元前一〇世紀頃、パレスチナからシリアに及ぶ領土を治め、しばらくのあいだ王国は繁栄した。ここまでは、他の民族の神話や歴史にもあるような話である。

ユダヤ民族が他の民族と際立った違いを見せるのは、他国から征服された後に二千年近くも祖国を離れて暮らすようになった点にある。それは、ディアスポラの状態が他に類を見ないほどの長きにわたって続いたということを意味する。ディアスポラの起源を紀元前六世紀の「バビロン捕囚」とする見方があるが、実際に捕囚となった人数はその当時のユダヤ人口の一割にも満たなかったという。本格的なディアスポラは、紀元七〇年のローマ帝国によるエルサレム滅亡から始まり、そののち一九四八年のイスラエル共和国建国まで、彼らは各地に離散したまま故郷に戻ることはなかった。

それでも民族としての同一性を保持できたのは、ヨーロッパ、地中海地域、ロシアなどの各地で暮らすようになっても、彼らはユダヤ教という宗教を捨てることがなかったからである。彼らの異質性は、生物学的な差異よりも、むしろ宗教に由来する文化的差異によるところが大きかった。

だが、ユダヤ教はキリスト教のもとになった宗教でもある。キリスト教の旧約聖書は元来ユダヤ教の聖典であった。そればかりか、イエスはユダヤ人の家庭に生まれ、ユダヤ人社会のなかで教えを説いた。語弊があるかもしれないが、キリスト教はユダヤ教内の宗教改革の結果として生まれたとすることもできるかもしれない。

ともあれ、キリスト教が支配するヨーロッパ諸国において、ユダヤ教徒たちつまりユダヤ人は、異質な存在として、あるいは敵対する存在として、ゲットーに隔離され、しばしば大規模な迫害を受けるという苦難を強いられることになる。それでもユダヤ人がヨーロッパ世界に居続けられたのは、彼らに有用性があったからである。それは、「キリスト殺し」という、いわばキリスト教にとっての必要悪というだけではない。

ユダヤ人は土地を所有することが禁じられていたために、農業を営むことができず、多くが商工業に従事した。また、キリスト教では利子を取って金を貸すことが禁じられていたため、金融業に従事したのは非キリスト教徒のユダヤ人であった。このような事情から、いつの間にかユダヤ人は経済の発展にとって有用な存在となっていった。さらには、語学の才に長けており、他国の情報に明るいユダヤ人は、役に立つ動産として諸国の王が所有するところとなる。いわゆる「宮廷ユダヤ人」である。

そしてとくに西欧においては、市民革命の後、平等の理念のもとにゲットーから解放され、一般の市民と同様に暮らすようになるが、ドレフュス事件やナチスの迫害に見るように、きっかけさえあれば、ナショナリズムの攻撃目標にもなる。ユダヤ人は、どの国にあっても、その国の一員ではあるが、異質な存在、いうなれば〈内〉なる〈外〉として存在し続けたのである。

本書では第Ⅱ部において、ディアスポラとしてのユダヤ人が抱える、あるいは抱えてきた様々な問題を掘り下げることとする。それらは、少数者（マイノリティ）としてのユダヤ人の問題ではあるが、それ以外の様々な少数者、つまり民族や人種だけではない、もっと身近なレベルでの異質性を抱えた人々について考えることにつながるのかもしれない。

第Ⅰ部　アメリカ大衆文化を担ったユダヤ人

第1章　ゲットーからハリウッドへ

1　ロシア・東欧からの移民

一八八〇年代の帝政ロシア領内で、略奪、焼き討ち、暴行、殺戮など、大規模かつ野蛮なユダヤ人迫害が相次いで起きた。ナチスによるホロコーストの半世紀ほど前のことである。この迫害をロシア語で「ポグロム（pogrom）」という。一八八一年、帝政末期の皇帝アレクサンドル二世暗殺事件にユダヤ人女性の一人が関わったというそれだけの理由によるものだった。ウクライナの農民や出稼ぎ労働者がユダヤ人地区を襲ったのを皮切りに、おもに南ロシアで四年間続いた。これがポグロムの第一の波で、その後、第二、第三と立て続けに起こる。

第二の波は、一九〇三年からの六年間で、日露戦争と「血の日曜日事件」（第一革命）による政治的動揺を背景に、第三の波は、一九一七年からの四年間で、第一次大戦とロシア革命の混乱期にロシア全土に広がった。いずれも社会的不安のなかで暴徒化した民衆が不満のはけ口として起こしたものである。第三の時期には、内戦に乗じて、赤衛軍、ウクライナ軍、白衛軍の三者も加わった。その犠牲者の数は正確には分かっていないが、死者は六万人にまで及ぶといわれる。

それ以前にもヨーロッパ各地で、中世以降繰り返しユダヤ人迫害が行われてきたのは歴史が示すとおりである。しかし、ユダヤ人が大量にアメリカ大陸へ逃れていくきっかけを作ったのは、このポグロムであった。彼らは、わずかな持ち金を懐に入れ、幼い子供と老いた親をかばいながら、すし詰め状態の移民船で大西洋を渡っていった。このユダヤ系移民の流れはアメリカで移民制限法が施行される一九二四年まで続き、その数は二〇〇万人以上に及ぶといわれる。さらにポーランド、ハンガリー、ルーマニアなどの諸地域からの流入も含めると合計三〇〇万人近くのユダヤ人がアメリカへ移民として渡っている(1)。

このとき、アメリカ国内のユダヤ人口は一気に増加し、一九二五年の時点には三八〇万人にも達した。南北戦争（一八六一―一八六五）以前にすでに流入していたドイツ系ユダヤ人は同化も早く、アメリカ各地に分散していたのに対して、新しく入ってきたロシア・東欧系ユダヤ人の多くは、行く当てもなくニューヨークもしくは東海岸の他の大都市にとどまった。

とくにニューヨークでは、ローワー・イースト・サイド、ブロンクス、ブルックリンといった地域に集住し、ユダヤ・ゲットーを形成するようになる。テナメント（tenement）と呼ばれる老朽化した不衛生なアパートが彼らの住居で、せまい空間に何家族も一緒に暮らした。英語が満足に話せないので、就ける職業といえば、手押し車で魚や日用品を売る行商か、スウェット・ショップ（sweat shop）と呼ばれる家内工場で一日中ミシンを踏んでわずかな労賃を得る縫製業などであった。

2　五セント劇場

同化もままならず毎日の低賃金労働に明け暮れるユダヤ系移民の唯一の慰安は、初めのうちは、ゲットーにいくつもあったイディッシュ語劇場での芝居見物であった。このような劇場では、ロシア・東欧系ユダヤ人の共通語であったイディッシュ語で演じられるシェークスピア劇やユダヤ的題材（ユダヤ人の歴史や伝統）をドラマ化した作品を上演していた。

しかし次第に、比較的安い入場料で楽しむことのできるヴォードヴィル・ショーに人気が集まり始めた。ゲットー内に新設されつつあったミュージックホールと呼ばれる劇場で、ドタバタ喜劇、歌やダンス、アクロバット、曲芸などが上演されいわば日本の寄席演芸のようなものであった。ここで研鑽をつんだユダヤ系芸人達がのちにアメリカのショービジネスの世界で活躍していくことになる。

一九一〇年頃になると、映画という新しい娯楽が急激な勢いで普及し、それまでの劇や演芸に取って代わっていく。劇場のユダヤ人オーナーはこの媒体にいち早く目をつけた。各出し物のあいまに上映したところ大いに人気を博したため、映画専門の劇場を次々と開いていくことになる。しかも、映写機さえ導入すればコストが安く済むので、一律五セントという廉価な入場料で客を楽しませた。そのためそのような劇場は、「ニッケルオデオン」（nickelodeon）つまり「五セント劇場」と総称されるようになった。「ニッケル」とは五セント玉の通称で、「オデオン」とは一般的に劇場を意味する。その数は最も多い時で、マンハッタンのユダヤ人街を中心に三〇〇軒以上にのぼった。まさに軒を連ねるように映画館が建ち並んでいたのである。[2]

これらの五セント劇場のオーナーの六〇パーセント以上がユダヤ人であり、観客もまた貧しいユダヤ系移民が圧倒的に多かった。[3] このことは、当時のニューヨーク市全体の人口の四分の一以上がユダヤ系であり、マンハッタン地区におけるユダヤ人口の占める割合はそれよりもはるかに高かったという事実とも関係がある。これら五セント劇場のユダヤ人オーナーたちのあいだから、その後発展して20世紀フォックス、MGM、パラマウント、ユニバーサル、ワーナー・ブラザーズなどハリウッドの巨大映画会社の経営者たちが育っていくことになる。ハリウッド映画産業の起源はニューヨークにあったのであり、それを育んだのはユダヤ・ゲットーという環境であった。

映画がユダヤ系移民のあいだで人気を博したもう一つの要因を考えるなら、それは、当時はすべて無声映画だったため、言葉の壁が全くなかったという点にある。移民して来てまもない彼らも、他のアメリカ人と同様、安心して最新の娯楽を享受し、新天地アメリカを満喫できたのである。そして彼らの胸の内には、それぞれのアメリカン・ドリームが少しずつ芽生えていくことになる。

3　エジソン・トラストとの確執

五セント劇場のユダヤ人オーナーたちは、蓄えた資金を元手に映画製作に乗り出す。彼らは自らが移民社会出身であったため、ユダヤ系移民の観客たちが何を求めているか、何が受けるかを経験的に熟知していた。しかも、ユダヤ人同士のネットワークが有利に作用し、資金調達、作品の配給、営業戦略などを組織的かつ合理的に推し進めることができた。

しかし、すべて順風満帆にことが運んだわけではなく、彼らの行く手には、映画製作業界をすでに寡占的に支配していた組織が立ちはだかっていた。この組織とは、「映画特許組合」（the Motion Picture Patent Company）と称する映画業界内の一種のトラストで、映画関係の機材やフィルムなどの特許の多くを保持していた。そしてその中心人物が映画の発明者エジソンであったので、その名をとって「エジソン・トラスト」と呼ばれた。

このトラストのメンバーのほとんどが、アメリカ人の主流である白人で英国系のプロテスタント、つまりワスプ（WASP＝White Anglo-Saxon Protestant）であった。したがって、ユダヤ系映画会社との確執は一種の文化戦争の様相を呈した。彼らはユダヤ人に対して、単なる商売敵という以上に民族主義的な敵意を抱いていており、誹謗中傷にとどまらず法廷で争うことも辞さなかった。エジソン自身もある手紙の中で、ユダヤ人の「貪欲さと党派性」に対する反感を露骨に表明している。(4)アメリカにおけるこのような反ユダヤ主義は、その後も様々なかたちでユダヤ系映画関係者の障害となっていく。ユダヤ系が映画製作の世界で台頭していくのは、一九〇九年から一九二二年の間で、場所はマンハッタンからフェリーで渡った先のリゾート地、ニュージャージー州フォート・リーであった。この町は、ハリウッドに移る前に製作会社が集中し映画産業の町として一時的に栄えた。ユダヤ系（反トラスト派）の映画会社のそれぞれが、エジソン・トラストと激しい覇権闘争を繰り広げたのはこの地においてである。

彼らは競争に勝つために、経営と製作方法の革新を行った。スター・システム、長編作品の製作、製作と配給の一体化、大スタジオの建設などである。彼らの卓越した経営手腕と組織力によって、ついにユダヤ系映画会社はエジソン・トラストを凌駕するに至る。そしてこの競争のなかで、ハリウッド進出の基礎が整備されたのである。

フォート・リーで産声を上げた具体的な会社名は、20世紀フォックス、ＭＧＭ、パラマウント、ユニバーサル、ユナイテッド・アーティスツ（チャップリンら三人のスター俳優によって設立される。プロデューサーの多くがユダヤ系。のちにＭＧＭに吸収合併される）、ＲＫＯ（『キングコング』や『市民ケーン』などの名作を世に出したが、一九五七年に終焉を迎える）などである。

4　ハリウッドへの進出

カリフォルニア州南部に位置するハリウッドは、晴天と清澄な空気、手近にある変化に富んだ地形や砂漠など、野外ロケをするには非常に恵まれた土地であった。しかも発展しつつあるロサンゼルス市街のはずれという利便性も好材料であった。一九一〇年代にフォート・リーで力を蓄えていたユダヤ系映画会社は、こぞってハリウッドにスタジオを移していく。ハリウッドへの移動には、この地が東海岸から遠く離れていたため、特許権問題で争うことの多いエジソン・トラストの監視の眼が届きにくいという利点もあった。

ハリウッドでは、スタジオ・システムが新しい映画作りの基本となり、各々のスタジオが独自の作風で作品を作り出していく。また各スタジオは、製作・配給・興行を一元的に支配し、映画産業における巨大なコングロマリットを形成するようになる。ニューヨークに新たに建設された各社の並外れて豪華な映画館、すなわち20世紀フォックスのロキシー劇場、パラマウントのパラマウント劇場、MGMのパラダイス劇場などは、その象徴ともいえる存在だった。

こうした巨大映画会社の設立者の名を列挙すれば、20世紀フォックスのウィリアム・フォックス（一八七九―一九五二）、MGMのサミュエル・ゴールドウィン（一八七九―一九七四）、マーカス・ロウ（一八七〇―一九二七）、ルイス・B・メイヤー（一八八四―一九五七）の三人、ユニバーサルのカール・レムリ（一八六七―一九三九）、パラマウントのジェス・ラスキー（一八八〇―一九五八）とアドルフ・ズカー（一八七三―一九七六）、トーキーが導入されて以降登場した、ワーナー・ブラザーズのハリー・ワーナー（一八八一―一九五八）とジャック・ワーナー（一八九二―一九七八）の兄弟、コロンビアのハリー・コーン（一八九一―一九五八）などである。無論、全員ユダヤ人である。彼らは一種の身内びいきによって組織を運営したため、広い意味での同族経営の誹りを免れない。彼らのもとで働くプロデューサーの多くもやはりユダヤ系であった。

しかし、これらのユダヤ系映画会社が作り出す作品のユダヤ的要素は、極めて希薄であった。俳優、監督、脚本家など製作現場の人間は非ユダヤ系であることのほうが普通であったし、作品内容やテーマもユダヤ的題材を扱ったものは稀であった。つまり、彼らはニューヨーク時代とは異なり、ビジネスとしてもっと広い市場をターゲットにしていた。一般のアメリカ人ひいては世界の観客が楽しめるような普遍的な映画作品を作り出すよう心がけていたということである。

まもなくユダヤ系映画会社の経営者たちは、「ムービー・モーグル」（movie moguls）と呼ばれるようになる。「モーグル」とは一般的に大立者という意味で使われるが、この言葉は元来「モンゴル」から派生した語で、モンゴルから来た征服者のことを指し、とくにその独裁的支配という意味合いを含んでいる。つまり「モーグル」とは、しばしば外国から来た専制支配者というニュアンスを喚起することがある。したがって、この呼称によってなされる性格付けは、映画産業を独占支配するロシア・

東欧からきた「異人種」ということになりかねない[5]。

ユダヤ人経営者たちは、このことをよく理解していた。そのため彼らは表向きには自分たちのユダヤ性をできるだけ隠すように努めた。彼らの多くは本来の名前をできるだけユダヤ的な響きが薄れるように変えている。例えば、フォックスは、ウィルヘルム・フックス（Wilhelm Fuchs）だったのをウィリアム・フォックス（William Fox）に、ゴールドウィンは、サミュエル・ゲルブフィッツ（Schmuel Gelbfisz）だったのをサミュエル・ゴールドウィン（Samuel Goldwyn）に、といった具合にである[6]。旧大陸での迫害の経験、ニューヨークのゲットー時代、エジソン・トラストとの確執などを経て、彼らは自分たちに何が起こるか予想できたからである。しかし用心していても、差別感情は周囲から自然に沸き起こってくるものである。

5　フォードの反ユダヤ主義

彼らが映画の世界に足を踏み入れて二番目に出会った反ユダヤ主義は、思わぬところから起こった。一九二一年、『ディアボーン・インディペンデント』（*The Dearborn Independent*）紙に反ユダヤ主義的な記事が二度にわたって掲載された。この新聞の発行責任者は、当時のアメリカ国民が最も敬愛する人物、自動車王ヘンリー・フォードであった。最初の記事の見出しには、「映画問題におけるユダヤ的側面」とあり、また次に掲載された記事には、「映画界におけるユダヤ人の覇権」とある。いずれも、ユダヤ人が映画界を支配しており、それがアメリカ社会に大変な悪影響を及ぼしているという内容である。その一部を紹介しよう。

アメリカとカナダでは、映画によって、道徳的にも経済的にも、大衆の心をもてあそぶユダヤ人が独占的に影響力を行使している。

（ユダヤ人の）東洋的理想は当然の如く肉体へと、そしてその露出へと向かい、心的在りようは当然のこととしてより肉感的なものを指向する。この東洋的な世界観は基本的にアングロ・サクソン、つまりアメリカ人のそれとは異なるものである（中略）これらの映画製作者の多くは、それがいかに汚らしいものであるかを知らない。なぜなら、彼らにとってそれは自然のものだからだ。

極めつけは次のようなものである。

映画はユダヤ人が作っている。堕落と戦うということは、ユダヤ人の陣地へ突き進むということにほかならない。なぜなら映画製作者の大部分がそこにいるからだ。つまりその戦いはおのずと、「ユダヤ人を攻撃する」ということになる。(7)

ここに見られるのは、道徳的堕落の原因として映画を槍玉に挙げ、そしてその製作者であるユダヤ人を関連付けるという論法である。このような論法は古くから他の国々でも何度も繰り返されたものである。社会的悪や混乱や不安を、異質な存在つまり〈他者〉であるユダヤ人に当てこするのは、反ユダヤ主義のいわば古典的ともいえるやり方である。記事の中にある「アングロ・サクソン」と「アメリカ人」の同一化、「ユダヤ人」と「東洋」に対する違和感ないしは敵意、つまり囲い込みと異化。ここに、当時のアメリカ社会の変容に対する危機意識を読み取ることもできる。(8)

一九二〇年代は、移民の大量流入、資本主義化の進展による労働者階級の増大と諸矛盾、さらにはヨーロッパにおける大戦の勃発などによって、アメリカの伝統的メンタリティが動揺し始めている時期でもあった。そうした社会的変化のなかで、映画は、にわかに膨張していく大衆という雑駁な集団に新たな形式の娯楽とメッセージを浸透させていく。このような状況に対して、フォードのようなネイティヴィスト（白人優越主義者）たちは反発し抵抗せざるを得ない（第11章参照）。なぜなら、これを放置しておけば、守るべき古き良き伝統である清教徒的なアメリカ人のライフスタイルや道徳的信条が崩壊していくように思われるからである。

そのような保守派による抵抗の所産として、一九二〇年にはあの悪名高い禁酒法が施行される。その結果、暗黒街の犯罪組織が肥え太ることになり、酒の密輸・密造や闇酒場の利権をめぐってギャング同士の抗争が激化したのはよく知られているところである。また極端なネイティヴィストの集団、クー・クラックス・クラン（ＫＫＫ）が活動を活発化させ、人種差別ないしは人種主義が新たな展開を見せるのもこの時期である。一方、反ユダヤ主義は、民族的宗教的偏見にとどまらず、世界情勢の変化とともに次第に政治的要素が加わり始める。

6　ナチズムへの対応

一九三〇年代になると、ヨーロッパではナチズムが台頭する。とりわけ、一九三三年に反ユダヤ主義を標榜するヒトラーがドイツで政権の座に就くと、事態はハリウッドのユダヤ系映画人が看過できるものではなくなってくる。ナチスは早速、ドイツ国内のユダヤ系映画関係者に対する迫害を開始し、同年四月には、在独のアメリカ映画関係のすべてのユダヤ人に対して国外退去命令を出す。ハリウッドの映画各社は一旦抵抗の姿勢を示すが、すぐに命令に従った。というよりも従わざるを得なかった。なぜならドイツをめぐる国際情勢が微妙で、慎重な対応を余儀なくされていたからだ。

一九三九年、ドイツのポーランド侵攻によって戦端が開かれ、イギリスとフランスが参戦する。チャーチルの再三にわたる参戦の要請にもかかわらず、アメリカは当初、中立を決め込んでいた。一九四一年の真珠湾攻撃までは、政府も世論も、ヨーロッパ情勢には関与しないという伝統的外交政策として、孤立主義を堅持しようとしていたからである。これに乗じて、反ユダヤ主義者は再びユダヤ攻撃を開始する。つまり、ハリウッドのユダヤ系映画人たちは、アメリカ人を扇動して反ナチス感情を掻き立てるために映画を利用し、ユダヤ人の自己利益のためにアメリカの平和を破壊しようとしている、というのである。

アメリカ政府の元高官ウィル・ヘイズが議長を務める映画製作倫理会議の場で、委員の一人ジョゼフ・スコット（カトリック教徒の弁護士）は、「映画会社の重役とユダヤ人共産主義者はともに、彼らを受け入れた国に対する恩を忘れ、この国を裏切ろうとしている。この背信行為に鑑みれば、反ユダヤ主義のナチスのイデオロギーがこの国に根付いても不思議ではない」と、憤懣をあらわにした。[9]ここには、反ユダヤ感情だけでなく、ユダヤ人にありがちとされる共産主義に対する嫌悪感も同時に表れている。のちに詳述するように、ユダヤ人＝共産主義者＝裏切り者という図式は、アメリカではその後も根強く残り、これが第二次大戦後の「赤狩り」へとつながっていく。

実際、ハリウッド内では一九三六年に、エディー・キャンター、メルヴィン・ダグラス、ポール・ムニ（いずれもユダヤ系）などのスター俳優をはじめ数千人を擁する「ハリウッド反ナチス同盟」という組織が結成された。その中心メンバーの多くがユダヤ系であったことは事実である。また彼らによって、反ナチス的な映画作品がいくつか製作されてもいた。ヘンリー・フォンダ主演の『封鎖線』（一九三八）、エドワード・G・ロビンソン（ユダヤ系）主演の『ナチ・スパイの告白』（一九三九年公開。日本でテレビ放映された際の邦題は『戦慄のスパイ網』。原題は *Confessions of a Nazi Spy*）などはその例である。

そして最も有名なのは、チャップリンの『独裁者』（一九四〇）であろう（日本で劇場公開された際の邦題は『チャップリンの独裁者』。本書では原題どおり『独裁者』とする）。この作品については次章で詳述する。

映画界と共産主義とのかかわりに関して、政府当局も放置していたわけではない。一九三八年には、連邦議会内に新しく設立された「非米活動委員会」（House Committee on Un-American Activities）が秘密裏に調査を開始している。この委員会は、第二次大戦後の赤狩りで中心的役割を果たす機関となるが、この時点ではまだ聴聞を開始していない。ハリウッドの面々が委員会に召喚されるのは、一九四七年以降のことである（第11章参照）。

むしろ、政治がらみの反ユダヤ主義は、民衆レベルで盛り上がりを見せた。その一つの例がアメリカ大衆の英雄、チャールズ・リンドバーグである。その当時の彼は、誰もが知る大西洋無着陸横断飛行という快挙を成し遂げた、文字通り「時の人」であった。

リンドバーグは一九四〇年、「アメリカ優先党」（アメリカの孤立主義を柱とする政治的圧力団体で、四一年に解散）の最初の集会で次のように演説した――「この国における最大の危険要因は、映画、新聞、ラジオ、政府におけるユダヤ人の支配と影響力である」。彼の圧倒的な知名度からして、このような言説が持つ大衆への浸透力は極めて大きかったと思われる[10]。ユダヤ人に対するこの種の偏見は、その後も様々な局面で繰り返されることとなる。

第2章　黒い顔のユダヤ人とユダヤ的非ユダヤ人

1　アル・ジョルソンの『ジャズ・シンガー』

映画という新しい娯楽が大衆へ浸透し、その世界をユダヤ系映画会社が席巻しつつあった時代に、最も名を知られるようになったユダヤ人スターは、アル・ジョルソンである。その契機となった作品は、一九二七年にワーナー・ブラザーズによって製作された映画『ジャズ・シンガー』であった。空前の大ヒットとなったが、その大きな要因の一つは、この映画が史上初のトーキー作品だったからである。

『ジャズ・シンガー』は最初、ブロードウェーで英語（つまりイディッシュ語ではなく）のコメディーとして上演され人気を博していた。原作を書いたのは、ユダヤ系のサムソン・ラファエルソンであった。彼は当時ミンストレル・ショーで活躍していたアル・ジョルソンに直接会い、そこから受けた強い印象に着想を得て作品化した。「ミンストレル・ショー」とは、一八三〇年頃からアメリカ各地で流行したショーの形式で、白人が顔を黒く塗って歌を歌ったり、ドタバタ喜劇を演じたりした。ミュージカルの原型の一つである。この世界でアル・ジョルソンはラグタイムを歌う黒塗りの歌手として人気が高かった。

この舞台版『ジャズ・シンガー』を映画化しようという話が持ち上がった。「ヴァイタフォーン」という録音盤を用いたトーキー映画の方式を生み出したばかりのワーナー・ブラザーズが、音楽付きの映画をこの作品で試してみようと考えたのである。当初、ワーナー・ブラザーズは主役を他の役者に演じさせようとしたが、トーキー作品の製作には高額の投資をともなうので、より知名度の高いアル・ジョルソンを起用して集客力を高めることで採算上のリスクを回避しようとした。

予想通り、ニューヨークを皮切りに、各地で大変な数の観客を動員し、ワーナー・ブラザーズの大ヒット作となった。そしてアル・ジョルソンはユダヤ人がユダヤ人の役を演じた最初の大スターとなり、また映画『ジャズ・シンガー』はトーキーの幕開けを告げる不朽の名作として映画史に名をとどめることとなった。なお、九年後にはラジオ放送用に作り直され、アル・ジョルソン自身が出演している。また、一九八〇年には再び映画版としてリメイクされ、ポップ歌手のスターであるニール・ダイアモンド（ユダヤ系）が主役を演じたのに加え、イギリスの名優ローレンス・オリヴィエが父親役で共演して話題となった。

他方、映画『ジャズ・シンガー』はハリウッドが初めてユダヤ的題材を映画化した作品としても意義がある。ストーリーはこうである――ユダヤ教会（シナゴーグ）の独唱者、つまり正統派ユダヤ教徒の指導者を父に持つジャック・ロビンが、父親の反対を押し切って、ジャズ・シンガーを目指す。ユダヤ教の祭日である「贖罪の日」（ヨム・キプール）、父は死に瀕している。この日はたまたま、ジャックがブロードウェーで初舞台を踏む日であった。そのリハーサルの日、楽屋に来た母親がジャックにシナゴーグで父の代わりを務めるよう懇願するが、それを振り切って彼は舞台に飛び出していく。しかし、激しく葛藤したのち、父の最後の望みをかなえようとジャックはシナゴーグへとんで行き「神への誓いのうち果たせぬものを取り消し、あらゆる罪を許したまえ」と集会者たちの前で祈祷文を独唱し、父の代わりを立派に果たす。(1) そして原作にはなかったが、その後ジャックは再び舞台に戻り観客と母のために「マイ・マミー」を歌うという結末になっている。

この作品は、ジャックの歌うユダヤ教の聖歌とともに、無声映画の時代に終わりを告げ、さらには同化してアメリカン・ドリームを実現していこうとするユダヤ人の息子がユダヤの伝統に対して別れを告げるという意味でも、象徴的な意味合いを持つといえる。また音楽的にも、ユダヤ人のアーヴィング・バーリン作曲の「ブルー・スカイズ」や彼の部下であるウォルター・ドナルドスンが作曲した「マイ・マミー」などの名曲がこの映画を機に流行し、映像と音楽が合体したミュージカル映画の先駆けとなった。作品の主題である母と息子の深い愛は、「マイ・マミー」で高々と謳い上げられるが、この普遍的な主題がアメリカの大衆の心を捉えたのも人気の理由であった。この後、ワーナー・ブラザーズは多くのミュージカル映画をヒットさせていくことになる。

2　黒い顔のユダヤ人

白人が顔を黒く塗って演じるという形式は、今日からすれば奇妙に思えるが、前述のようにミンストレル・ショーは一八三〇年代から盛んに行われており、その時代のアメリカ人にとってはごく普通の演芸形式であった。一九世紀のアメリカは開拓時代真っ只中で、とくに地方では娯楽らしい娯楽もなかった。また一方で、旅芸人の一座がシェークスピア作品を簡略化した芝居を、各地で上演して観客を集めていたのも事実で、旧世界の伝統を引きずってもいた。

図1　顔を黒く塗ったアル・ジョルソン
映画『ジャズ・シンガー』(1927)

そうしたなかで上演されたミンストレル・ショーは、奴隷制社会を背景に発達したアメリカ独自の演芸形式であるといえる。観客は白人ばかりで、白人が黒人を演じるのだから、必然的にそれはパロディであり、黒人奴隷を茶化した内容になる。奴隷解放の後に黒人自身がこの形式のショーを演じるようにもなるが、それはパロディのパロディということになり、本物の黒人が黒人を演じるということに好奇の目が集まり、多くの客を呼んだ。

ではユダヤ人が黒人を演じるということは、どういうことになるのであろうか。アル・ジョルソンはこれをおこなった最初のユダヤ人芸人であるが、彼の時代つまり一九二〇年代には、すでにミンストレル・ショー自体がそろそろ下火になろうとしていた。そのような時期にあえて顔を黒く塗るということは、何を意味するのか。おそらく、白人の一員として認められていないユダヤ人が、顔を黒く塗ることによって、逆説的に白人になろうとする行為であると考えられる。なぜならミンストレル・ショーでは顔を黒く塗るのはすべて白人だからだ（そのほとんどはアイルランド系だった）。別の言い方をすれば、変装することによる人種性の無化であり、差別意識の除去でもある(2)。前に述べたように、一九二〇年代はユダヤ人に対する差別意識が強かった。フォードの例で分かるように、ユダヤ人は白人ではなく異質な東洋人だったのである。

他方、この形式は、ユダヤ人のアル・ジョルソンがショービジネスの世界で成功するための補助的手段でもあった。なぜなら、顔を黒く塗ることは、音楽的な意味では、黒人起源のジャズを自分のものとして通用させるための儀式という側面を持つからだ。実はこの映画には黒人の出演者は一人もいない。顔を黒くする行為は、黒人の不在を補い、さらには、ユダヤ人がジャズを歌うことに何らかの正当性を付与することになる。その結果、黒人音楽、伝統的ユダヤのメロディー、背景に流れるクラッシックの音色などが作品の中で響き合い、一種の音楽的モザイクが現出する。

こののちジョージ・ガーシュウィンを始めとする多くのユダヤ人作曲家が、西洋音楽と黒人音楽を融合させ、新たなアメリカ音楽の地平を切り開いていく。アル・ジョルソンは、顔を黒く塗るという一種の通過儀礼を行うことによって、二つの文化の架け橋となったのである。ユダヤ人が創出した新しいアメリカ音楽は、ミュージカル映画を足がかりにその後大きく花開いていく（第5章参照）。

図2　アル・ジョルソン
映画『アメリカ交響楽』（1945）

また、演芸形式としてのミンストレル・ショーは、一九一〇年代にはヴォードヴィル・ショーへと発展し、スラップスティック（ひっぱたき合い）を得意とするユダヤ系コメディアンが大活躍するところとなる。そしてその中から、マルクス兄弟や三ばか大将（スリー・ストゥージズ）のようなアメリカ喜劇のスターが次々と誕生する（第3章参照）。しかしミンストレル・ショー自体は、一九五〇年代以降の公民権運動の高まりとともに、その明らかな人種差別的要素が批判され、一部パロディとして意図的に復活された例をのぞいて、このショーの形式は姿を消した。

3　チャップリン——英国系ユダヤ人？

イギリスからアメリカに渡ったチャールズ・チャップリンは一九一九年、メアリー・ピックフォードとダグラス・フェアバンクスの二人の俳優とともに、映画会社ユナイテッド・アーティスツを設立した。この会社の原動力となり、多くの名画を手掛けてきたプロデューサーたちの大部分はユダヤ人だった。したがって、チャップリンはつねにユダヤ人に囲まれて映画を作っていたことになる。では、チャップリン自身はユダヤ人なのか、それとも非ユダヤ人なのか。この問いは、これまで幾度となく繰り返されてきた。

チャップリンは生涯、自分がユダヤ人であるか否か明確にすることはなかった。だが、同時代の人間たちは彼をユダヤ人ではないかと考えていた。そう思わせるのは、チャップリンの演ずるキャラクターが、あまりにもユダヤ人らしい雰囲気を漂わせているからだ。ユダヤ人の観客さえもが、彼をユダヤ人だと信じて疑わなかった。『屋根の上のバイオリン弾き』の原作者、ショロム・アレイヘムが書いた短編の一節にはこうある。

ぼくたちは映画館へ行く途中ずっと、チャーリー・チャップリンについて話した。彼はなんて偉大なのだろう、どれくらいお金を稼いでいるのかな、彼はユダヤ人なんだよね、などと。

「アメリカのモトル」（一九一六）[3]

この短編の「ぼく」はユダヤ系移民の子供である。この少年は、チャップリンは自分たちと同じユダヤ人で、彼をユダヤ人の誇りであり英雄だと思っている。

またドイツ出身のユダヤ人政治哲学者ハンナ・アーレント（一九四一年に渡米）は、論文「パーリアとしてのユダヤ人」で次のように書いている。

チャップリンをとおして、世界でもっとも不人気の人間から、現代人のなかでその後長きにわたってもっとも愛され続ける人気者が生み出された。（中略）チャップリンの生い立ちや経験が彼に二つのことを教えた。一つは、「警官」を恐れるというユダヤ人の伝統、つまり敵意に満ちた世間の権化ともいえる警官への恐れ。もう一つは、古くから信じられているユダヤ的真理、つまり、他の条件が同じであれば、ダビデのような人間の機転が、ゴリアテのような動物的な強さを打ち負かす（弱小の者が、強大な相手を倒す）こともあるという教えである。[4]

このように、アーレントもチャップリンがユダヤ人であるという前提で論じている。映画のなかで、ステッキをくるくる回しながら警官から逃げ回るチャップリンが機転によって一発逆転する、あのおなじみのパターンが目に浮かぶ。もちろん「世界でもっとも不人気な人間」とはユダヤ人のことである。また論文タイトルにある「パーリア」とは、タミル語で疎ましい最下層民のことである。

4 「シュレミール」としてのチャーリー

チャップリンの演じる「小男の浮浪者」チャーリーは、まさにイディッシュ語で言うところの「シュレミール」である。次のようなユダヤ人批評家の分析を見てみよう。

チャップリンは、英国系ユダヤ人であるが、いつも懸命になって自分のユダヤ的出自を否定または極小化しようとしていた。その一方で、彼のコメディーはユダヤ的ユーモアの精髄であり、そこには根本的にユダヤ的である特質がユダヤ的方法で表出されている。唯一違うのは、イディッシュ語の表現が除去されている点で、そのことによって「普遍的な」効果がもたらされている。チャップリンの演じる小男は、まさしくシュレミールの極致である。(5)

「シュレミール」とは、イディッシュ語で、社会にうまく適合できない、お人好しでとんまな人間という意味で、典型的なユダヤ人キャラクターの一つである。例えば、ウディ・アレンの映画や現代ユダヤ系作家の主人公に頻繁に見られるだけでなく、カフカの作品にあるような、不条理な現代社会を生きる人間の普遍的イメージにも置き換えられうる。

また別のユダヤ人批評家は、同時代の他のコメディアンと比較した。バスター・キートンは「典型的な英国のコメディアン」であり、ハロルド・ロイドは「ずぬけた才能のヤンキー」であるのに対し、チャップリンは「永遠のユダヤ人シュレミール」であると。(6)

こうして見ただけでも、チャップリンがユダヤ系知識人のあいだでさえも、ユダヤ人として何の疑いもなく扱われていることが分かる。このことは、ユダヤ人を排斥する側も同じである。一九三一年、ナチスはベルリンを訪れたチャップリンに対して、「ユダヤ人で共産主義者の大金持ち」、「ロンドンのゲットー出身のうるさい犬」などと罵詈雑言を浴びせた。またアメリカ連邦捜査局（ＦＢＩ）は、「共産主義者」チャップリンのデータを「イスラエル・ソンスタイン」という、いかにもユダヤ人らしい別名でファイルしていた。(7)

5　チャップリンのアイデンティティ

では、チャップリン自身は、自分の出自に関してどのように言っているのだろうか。この問題で本人が公言したのは一九一五年が最初である。あなたはユダヤ人ですか、と記者が質問した際、彼は「私はそんな幸運には浴していない」と遠回しに答えた。これは一応の否定であるが、これだけでは周囲は納得しようがない。彼は別のところでは、逆のことを言っているからだ。

一九二一年一〇月、大西洋航路の船上で、チャップリンは八歳のユダヤ人少年と言葉を交わした――「すべての偉大な天才にはユダヤ人の血が混じっている。私のなかにもどこかにそれがあるはずなんだ。そう願っているんだよ」。

また、一九二七年にユダヤ教の独唱者ヨセル・ローゼンブラットと面会した際、チャップリンは彼に、「私はあなたの祈祷文の独唱を録音したレコードをすべて持っていて、とりわけ大事にしています。少し気分が滅入ったときには必ず、それを取り出して聴くようにしています。わたしにはそれがとてもいいのです。その声が、私のユダヤの祖先たちと私自身を、しっかりと結びつけてくれるのです」と語っている。ローゼンブラットは、映画『ジャズ・シンガー』に自身の役で登場するほどの著名なユダヤ人であった。

いずれの場合も、自分の遠い先祖にはユダヤ人の血脈があるということを示唆している。おそらく、ロンドンの貧しい芸人の子供として生まれたチャップリンには、詳しい出自を記録しているものはなにも存在しないのであろう。だから彼はこうも言っているのである――「もし私がユダヤ人であると周りが思いたいのなら、私はユダヤ人ということにしておきましょう(8)」(彼の最初のプロデューサーに語った言葉)。

この言葉は、サルトルがおこなったユダヤ人の定義、「ユダヤ人とは、他の人々が、ユダヤ人と考えている人間のことである」（『ユダヤ人』一九四六年）を思い起こさせる。(9) 近代以降、西欧社会に同化したユダヤ人たちは、突然迫り来る迫害にさらされたとき、自分がユダヤ人であることを思い知らされる。つまり、自らの存在の在りようを他者のまなざしに帰するしかないというユダヤ人の境涯に、チャップリンは自分を重ねているとも思えるのである。

　このようなチャップリンが、明らかに〈ユダヤ人〉として登場した唯一の映画が、あのヒトラーの

図3　映画『チャップリンの独裁者』（1940）

ドイツを戯画化した『独裁者』（一九四〇）である。反ユダヤ主義の迫害に耐えながらも、慎ましく生きるユダヤ人の床屋は、偶然にも独裁者ヒンケルと瓜二つだった。反抗者として捕えられた床屋は収容所を脱出して逃げていたところ、独裁者ヒンケルと間違えられ、数万の兵士の前で演説をする羽目になる。ユダヤ人迫害の様子を伝えるシーンの後、床屋はあたかも絞首台に上る死刑囚のように不安気な面持ちでゆっくりと階段を上っていく。その傍らの壁にはなぜか「自由（LIBERTY）」の文字が掲げられている。

　宣伝大臣ガーベッジ（garbage「ゴミ」という意味でナチのゲッベルスのもじり）のユダヤ人撲滅を訴える演説の後、いよい

よ床屋の番になる。床屋はおそるおそる演説を始める――「白人も黒人もユダヤ人もみなお互いに助け合わなくてはならない。憎んではいけない」。次第に演説は熱を帯びていき、「君たちは機械ではない人間なのだ（中略）自由のために戦うのだ（中略）民主主義の名のもとに団結しよう。国境を越えて愛ある世界のために戦おう」と叫ぶのである。この演説は六分間の長きにわたって続いた。この映画の中でも圧巻のシーンである。

『独裁者』はアメリカが第二次大戦に参戦する前年、つまり政府も国民もまだ参戦を躊躇していた時期に封切られた。第1章で述べたように、ハリウッドでは「ハリウッド反ナチス同盟」が組織され、ユダヤ系映画人を中心に反ナチスを唱える者が多数いた。『独裁者』がその運動の一環として作られたものであるとすれば、この映画の持つ政治的意味合いは極めて大きい。

それにしても、チャップリンの扮する床屋はそれまでの他の作品と同様、表情は豊かだが一貫して寡黙であっただけに、この最後のシーンに至って、突然雄弁に演説し始めるという、大胆な変化には少なからず驚きを覚える。しかし、この豹変のうちに、チャップリン特有のアイデンティティの在りようを読み取ることが可能かもしれない。ユダヤ人の床屋なのか、独裁者ヒンケルなのかは、その時その場に居合わせた他人が決めることであり、さらにまた、チャップリン自身がユダヤ人なのか非ユダヤ人なのかについても同様である、というメッセージが込められているようにも思われるのである。

第3章　ギャグの伝統、反体制の伝統

1　マルクス兄弟

一九二〇年代、ユダヤ・ゲットーの周辺にいくつも新設されたミュージックホールで、ヴォードヴィル・ショーが多くの観客を集めていた。ここで研鑽を積んだユダヤ系芸人たちは、その後、ブロードウェーの舞台でスターとなり、さらにはハリウッドの映画界に進出することになる（第1章参照）。その先駆け的存在であり、世界的に名を馳せたのが、マルクス兄弟である。彼らのコメディーは、ユダヤ的ユーモアの雛形として、後世のユダヤ系コメディアンたちに大きな影響を与えた。共産主義思想家のカール・マルクスと同性だが、関係はない（ちなみに、カール・マルクスもユダヤ人である）。チコ、ハーポ、グラウチョ（グルーチョ）、ゼッポの四人兄弟のことを一般に「マルクス兄弟」と呼ぶ。なかでも早口でまくし立てるグラウチョはその中心メンバーであり、肌に直接黒く塗った口髭、丸型の黒縁眼鏡、そして終始手から放すことのない葉巻とともに、世界的にも最も広く知られるようになったコメディアンである。

彼らは、チャールズ・チャップリン、バスター・キートン、ハロルド・ロイドなどが無声映画で活躍していた時期に、舞台ではすでにスターになっていた。だが、映画界で注目されるようになるのは、一九三〇年代のトーキー時代に入ってから後のことである。なぜなら、彼らがヴォードヴィル・ショーやブロードウェーの舞台で売り物にしていたのは卓越した話術と音楽であり、音声付きの映画になって初めてその特性が活かされるようになったからである。

図4　左からハーポ、グラウチョ、チコ
映画『マルクス兄弟 デパート騒動』（1941）

とりわけ、ほとんど無表情のままテンポの速いニューヨーク英語でまくしたてるグラウチョのしゃべりには、意味のすり替えと意図的な踏み外しによる常識の転覆、辛辣な当てこすりによる社会風刺といった才気があふれている。それはむしろ単純な笑いをとるだけの喜劇をはるかに超えて、既成の価値観や道徳観に対する揶揄と嘲笑、ないしは痛烈な批判となっている。さらに彼の演技には、移民社会出身の自分がアメリカのメインストリームからはみ出しているという疎外感もにじみ出ており、そこからくる自虐的なユーモアも魅力の一つである。とくに出自を同じくするニューヨークのユダヤ人に、そのような側面が歓迎されていたのは確かで、その要素はその後に続くユダヤ系コメディアンたちに受け継がれることになる。

グラウチョの疎外感と当てこすりは、彼の有名な台詞によく表れている——「私を受け入れてくれるようなどんなクラブにも、私は入りたくない」。これをグラウチョが言ったのは、一九二〇年代で、ユダヤ人に対する差別意識がまだ強く、どんなに金持ちで地位があろうが、カントリー・クラブや様々な社交界からユダヤ人が門前払いをされていた時代である（第９章参照）。

当時を生きたユダヤ人なら誰しもが、そのような経験を通じて、自分はまだ一人前のアメリカ人ではないのだ、という疎外感を覚えたはずである（第11章参照）。そうしたなか、ロサンゼルス在住のドイツ系ユダヤ人会が自分たちのカントリー・クラブを設立した。ユダヤ人が設立したのだから、ユダヤ人でも大手を振って入会できるというわけである。そのカントリー・クラブについてのグラウチョのコメントが、先の台詞である。

この逆説的な物言いには、グラウチョ特有の皮肉が込められている。つまり、ユダヤ人だという理由でワスプのクラブから排除されるのは、それはそれで感受しよう。だが、ユダヤ人がワスプのライフスタイルや価値観を肯定するかたちで彼らと同様のクラブを設立して、つまり差別の壁をなくして、そこに入会するというのは、まったく別問題だ、と暗に言おうとしているのである。差別されてこそのユダヤ人だという、開き直りとも取れる。
映画『アニー・ホール』(一九七七)の冒頭で、ウディ・アレンがこのグラウチョの言葉を引用しているのはよく知られている。しかしながら、ユダヤ色を露骨に出すウディ・アレンなどの後進にくらべると、マルクス兄弟は意外にも、映画の中で自身のユダヤ性に触れることはほとんどなかった。ユダヤ人に対する周囲の差別感情がそれだけ強かったといえばそのとおりである。しかしそのことよりも、彼らの真骨頂は別の面にありそうなのである。批評家アルバート・ゴールドマンはこう書いている。

もしチャップリンがシュレミールについての自己憐憫的な喜劇を生み出したとすれば、マルクス兄弟は、ユダヤ的ユーモアのもう一つの偉大な側面、すなわち因習的価値観に対するアナーキーな嘲笑に人々の目を向けさせた。(1)

確かに、マルクス兄弟のユーモアにはどこか破壊的で虚無的な匂いさえ漂っている。まさにその点に、彼ら独自のユダヤ性を読み取る評者も多くいた。一九三二年の『タイム』誌はグラウチョのことを「ユダヤ人警句家の原型」であると呼び、別の批評家は、「三〇年代の典型的なユダヤ人反逆者」であるとも評している。さらには、ユダヤ人の支配するハリウッドでさえ、マルクス兄弟は、「ユダヤ的過ぎる」ため敬遠されそうになったことがあった。兄弟の伝記を書いたサイモン・ラウヴィッシュは、次のように述べている。

アーヴィング・タルバーグ（MGMの名プロデューサー）は、自身「マルクス兄弟のファン」であったが、彼らを（パラマウントから）MGMに引き抜くためには、ルイス・B・メイヤー（MGMの創設者の一人）の反対を押し切る必要があった。というのは、メイヤーは、映画の中に、自分のユダヤの出自と結び付けられる要素があるのを、ひどく嫌っていたからである。(2)

このエピソードは、二つの点を明らかにしている。一つは、一九三〇年代当時はまだ、ハリウッドのモーグルといえども、自分のユダヤの出自を前面に出したくないという強い欲求があったということ。もう一つは、そのような移民社会出身のユダヤ人には、マルクス兄弟の虚無的ユーモアにユダヤ的なものを感受することができた、ということである。この「ユダヤ的過ぎる」という感想は、のちにテレビの世界でも言われることになる（第7章参照）。

おそらく、後世のコメディアンで、このグラウチョの血筋を最も色濃く引いているのは、第6章で取り上げるレニー・ブルースであろう。なお、ナチスが勃興した一九三〇年代、にわかに結成された「ハリウッド反ナチス同盟」には、次に扱う三ばか大将と同様、マルクス兄弟も積極的に参加していた（第1章参照）。

2　三ばか大将（スリー・ストゥージズ）

一九六〇年代のテレビ放映を通じて、日本でも広く知られる「三ばか大将」（the Three Stooges）は、リーダーのモーを中心に、一貫してスラップスティックを売り物として、というよりスラップスティックの形態を世に知らしめたグループとして世界中で知られるようになった。彼らもマルクス兄弟と同様、ユダヤ・ゲットーに生まれ育ち、ヴォードヴィル・ショーで芸歴を積んだ典型的なユダヤ系コメディアンである。マルクス兄弟とくらべると、彼らの作り出すユーモアはどちらかといえば低級のギャグの連続であるが、それだけに大衆への浸透力は大きかった。

モー、ラリー、カーリーで人気を博した一九三三年から一九四六年が最初のピークで、その後メンバーの変更をともないながら一九七〇年代まで存続した。一九五八年にはテレビに登場するが、それはこのピーク時の映画作品のストックを放映したものである。テレビの急激な普及にともない、当時子供だったベビーブーム世代が彼らのスラップスティックの虜となり、爆発的な人気を呼んだ。日本では、一九六三年から一九六四年にかけて日本テレビ系列で放映された。

ユダヤ系コメディアンの伝統を引く彼らではあるが、芝居の素材自体にそれを感じさせるものはない。むしろ彼らのユダヤ性は、ときどき英語の台詞の中に混入するイディッシュ語に如実に表れている。だが、彼らのドタバタ喜劇を笑って見ていた当時の観客、あるいはテレビ視聴者の多くは、それとは知らず彼らのイディッシュ語を聞き流していたに違いない。例えば、随所に飛び出す「チェザーリ」(chazeri)＝「ぐず、あほ」、「シャローム・アレイヘム」(Shalom Aleichem)＝「こんちは」などといったイディッシュ語の表現は、ユダヤ人以外の一般のアメリカ人には理解されなかったはずである。

アメリカ大衆文化に詳しいダン・ブロンスタインによれば、このようなイディッシュ語の意味が分からなければ彼らのギャグの真意が分からないという。(3) しかし、その圧倒的なテンポで繰り返されるスラップスティック、幼児のような奇声、とぼけた表情、つまり明瞭なボケと突っ込みが彼らの真骨頂であり、このような非言語的要素を売り物にしていたからこそ、大衆に受け入れられ、また子供に人気を博したのである。同様のことが、第8章で詳述するルーニー・テューンズのようなユダヤ系アニメーションについても言える。

しかし前に見たように、彼らの活躍した一九三〇年代から四〇年代にかけては、アメリカ国内で反ユダヤ主義がピークに達した時期でもあった。そのような状況下で、イディッシュ語のようなユダヤ的要素を混入させることは、危険がともなうはずである。プロテスタントの「お上品の伝統」からすれば、彼らのスラップスティックそのものが下品であるし、子供に悪影響を及ぼすと見られるであろう。ましてやそれを行っているのがユダヤ人となれば、白眼視されるのは当然である。

あえてそれを行うことには、単なる大衆受けを狙うだけではない何かが彼らの内にあったのかもしれない。「われわれは権威をひっくり返すのが専門だ」と言ったのは、グループのリーダーであるモー・ハワードである。この言葉には、アメリカの主流文化への対抗姿勢、つまり一種のカウンターカルチャー的な姿勢を読み取ることもできる。

3 『おまえはナチのスパイ』

ナチスを徹底的に揶揄したチャップリンの『独裁者』(一九四〇)の九か月前、三ばか大将の『おまえはナチのスパイ』(*You Natzy Spy!*)が封切られた。これはたった一八分間の短編作品だが、ナチスとヒトラーを茶化した史上初の映画作品である。冒頭で三人が「シャローム・アレイヘム」の掛け声で登場する。この言葉は元来、ヘブライ語で「あなたに平和を」の意味があり、ユダヤ人同士の日常的なあいさつとして使われる。この掛け声の後すぐに、三人はナチ党員に変身する。リーダーのモーはヒトラー、カーリーはゲーリング、ラリーはゲッベルスである。そして、彼らが腕に巻いている腕章には、かぎ十字ではなく、蛇を卍の形にからませた図柄が描かれている。

チャップリンは『独裁者』で、明らかにユダヤ人と分かる床屋を演じたが、『おまえはナチのスパイ』にはユダヤ人の役は一人も登場しない。ユダヤ性への言及があるとすれば、それは随所に混入されているイディッシュ語そのものにある。また、彼らのスラップスティックはこの映画でも健在で、体中を勲章で飾ったナチスの三人がドタバタを繰り返す。明らかにユダヤ人である三人がこのようにナチスを演じること自体が、徹底した当てこすりとなっているが、それだけではない。極めつけは最後のシーンで、この三人はライオンの餌食となるのである。

この映画がヒトラーの逆鱗に触れたのは確かで、三ばか大将はチャップリンとともに、ヒトラーの「死のリスト」つまり暗殺リストに加えられることになる。それにとどまらずこれらの作品が、ヒトラーのユダヤ人に対する敵愾心を一層あおり、ヨーロッパにおけるユダヤ人の運命をさらに悪化させた可能性もまったく否定できないわけではない。のちにチャップリンは、もし自分がヒトラーのホロコーストの全容を知っていたならば、あのような映画（『独裁者』）を作らなかったかもしれない、と述べている(4)。だが、アメリカにいた彼らが、戦争中にそのような状況を知る由もない。ホロコーストの現実は、連合軍が現地に赴いて初めて知るところとなり、その詳細が公表されたのは戦後のことだったからである。

ここで注意しておかなければならないのは、アメリカ国内でさえ、一九四一年以前には反ドイツの映画を作ることが困難であったという事実である。第1章でも述べたように、アメリカが日本の真珠湾攻撃を機に参戦するまでは、世論も政治も伝統的孤立主義を支持しており、ヨーロッパの状況から距離をとろうという風潮が強かった。さらに、アメリカ国内の反ユダヤ主義者は、反ナチスを掲げるユダヤ系映画人の動きを注視し、ユダヤ人攻撃の機会を虎視眈々と狙っていた。ユダヤ人の反ナチス主義のおかげでアメリカが戦争に巻き込まれ、アメリカ人の生命が脅かされるというのが彼らの主張であった。このような状況の中で、チャップリンや三ばか大将が反ナチスの作品を作り得たのは、それらがたわいないコメディーで、政治的な影響が少ないと考えられていたからであろう。

4　戦時体制への適合

この時期のハリウッドは、反ユダヤ主義の災禍を避けるためにユダヤ性を前面に出すことを控えていく。その一方で、戦時下で製作された多くの戦争映画を通じてアメリカ社会の民族的多様性の在りようを自然に描き出すことに力を注ぐことになる。アメリカにはワスプだけでなく、ユダヤ系も、アイルランド系も、イタリア系も、そしてカトリック教徒もギリシア正教徒も存在しており、すべてがアメリカのために戦っているという現実を観客に認識させようとするためである。当時の戦争映画に登場するアメリカ軍の部隊はかならず、多様な文化的背景を持った兵隊で構成されている。

一九四一年から一九四四年にかけて、ハリウッドとアメリカ文化の関係は大きく変わったといわれる。つまり、ただ観客を楽しませるだけの映画から、アメリカ人を〈教育〉する作品へと方針を転換したのである。このような変化が起きるのは、ハリウッドに多くのユダヤ系が関わっていたという事情だけによるものではない。二〇世紀初頭に大量流入した移民たち、しかもそれまでのワスプ系とは文化的背景が大きく異なる東欧・南欧系の移民たちがアメリカ社会に定着し、文化的・民族的多様性がいっそう増大したという現実が関係している。

この頃の映画産業には、経営面に多くのユダヤ系が存在しただけでなく、製作スタッフや俳優としてアイルランド系やイタリア系などアメリカン・ドリームを夢見る多様な民族が参入していた。それは観客についても同様であった。このような民族的多様性こそがアメリカであり、それを観客に印象づけることで様々な差別感情を減少させ、ひいてはユダヤ人差別が消滅していけばと映画人たちは願うのである。

三ばか大将の映画もアメリカが大戦に参加した後になると、ユダヤ的色彩が薄れ、参戦前の『おまえはナチのスパイ』とは趣が変わる。『凧よりも高く』（一九四三年公開。原題は*Higher Than a Kite*）では、三人が扮するナチの将校同士が「ハング・ヒトラー」（ヒトラーを縛り首に）とあいさつを交わす。ジョークの辛辣さは前作と同様だが、その最後のシーンで、カーリーの背中に貼り付いているヒトラーの写真をアメリカ海兵隊の軍服を着た犬が食いちぎる。

ここには明らかに、アメリカ軍が現実にドイツ軍と戦い始めたという状況の変化が反映している。反ナチスのお墨付きを得て、彼らの映画に愛国的な戦争プロパガンダの要素が加えられたのである。この変化には、ユダヤ的要素を排除したいと願うコロンビアのプロデューサー、ハリー・コーンの意向も関係していたといわれている。このような傾向は当時のハリウッド映画界の趨勢でもあった。(5)

5　『十字砲火』と『紳士協定』

第二次大戦中のホロコーストの実態が明るみになって以来、アメリカ国内の反ユダヤ感情は以前ほどではなくなっていた。ナチスの犠牲者であるユダヤ人への注目と同情、さらにはイスラエル建国の動きのなかでの一民族としての社会的認知など、戦後のユダヤ人を取り巻く社会的文化的状況は明らかに彼らに有利に作用していたのである。ハリウッドの映画製作者たちは、そうした内外の雰囲気に乗じたのか、それまではタブーであった反ユダヤ主義をテーマとした作品の製作に乗り出すことになる。一九四七年に作られた二つの映画、『十字砲火』（ＲＫＯ）と『紳士協定』（20世紀フォックス）である。ＲＫＯと20世紀フォックス両社は、このテーマを競うように映画化した。

『十字砲火』では、ユダヤ人の探偵がユダヤ人であるが故に撲殺されるシーンがある。また『紳士協定』はグレゴリー・ペックがユダヤ人を装った非ユダヤ人の記者として登場し、アメリカの中に根強くあるユダヤ人への偏見を告発するというストーリーである。テーマがテーマだけに当時話題となり、両作品ともアカデミー賞候補にノミネートされた。選考の結果、『紳士協定』が作品賞、監督賞、助演女優賞の三部門において受賞している。

一九四七年という年は、冷戦の始まりを告げる年でもあった。前年にはすでにウィンストン・チャーチルがミズーリ州において有名な「鉄のカーテン」演説を行い、東西両陣営の冷戦を宣言していた。

またアメリカ政治の現場では、連邦議会においてソ連に対する強硬路線、すなわちトルーマン・ドクトリンが発表され、同時に中央情報局（ＣＩＡ）と国家安全保障委員会が設立される。にわかに社会主義圏への対抗姿勢が強化されていく。さらに連邦下院では「非米活動委員会」の聴聞が開始される。ハリウッドの映画人に矛先が向けられるのはこの年からである。

実は、『紳士協定』の製作は、連邦議会内で戦後ふたたび繰り広げられたユダヤ系映画人に対する誹謗中傷が発端となっている[6]。原作を書いたのはユダヤ系新聞の編集者の娘ローラ・Ｚ・ホブソンである。彼女は、一九四五年の下院議員ジョン・ランキンの議会内の発言に注目した。ランキンは「キリスト教の敵である外国かぶれの共産主義者たちが、映画産業を席巻しようとしている」、「共産主義は世界最大の脅威」などと旧来の反ユダヤ主義者（＝反共主義者）の言説を繰り返しただけでなく、ジャーナリストのウォルター・ウィンチェル（非ユダヤ人）を名指しで「ちびのユダ公」と呼んだ。ホブソンはこの発言から、「ユダヤ人を装った非ユダヤ人の記者」という着想を得たという[7]。つまり、当時一般的にあったユダヤ人のステレオタイプ化に乗じて、反ユダヤ主義の実情を告発しようと企てたのである。

戦後のアメリカにおいて表面上の反ユダヤ主義は退潮しつつあった。しかしランキン議員の発言に見られるように、反ユダヤ感情は簡単に消えてなくなるものではなく、社会的不安要因が増すといつどこで表面化するか分からないという恐れはつねに存在していた。戦後まもなくの不安要因は、ソ連つまり「赤」の脅威である。ここでにわかに〈ハリウッド〉＝〈ユダヤ人〉＝〈共産主義者〉＝〈アメリカの敵〉という図式が浮上することとなる。なお、ランキン議員は下院「非米活動委員会」の有力メンバーであった（第11章参照）。

第4章　ブロードウェーとティン・パン・アレー

1　『蝶々夫人』と『るつぼ』

あまり知られてはいないが、『ショー・ボート』（一九二七年初演）、『オクラホマ！』（一九四三年初演）、『アニーよ銃をとれ』（一九四六年初演）、『南太平洋』（一九四九年初演）、『王様と私』（一九五一年初演）、『マイ・フェア・レディ』（一九五六年初演）、『ウエスト・サイド物語』（一九五七年初演）、『サウンド・オブ・ミュージック』（一九五九年初演）など、これらのブロードウェー・ミュージカルの名作は、すべてユダヤ系作曲家と脚本家によって書かれたものである。

アーヴィング・バーリン、ジョージ・ガーシュウィン、ジェローム・カーン、オスカー・ハマースタイン二世、リチャード・ロジャース、そしてレナード・バーンスタインの名前は、ミュージカル・ファンでなくとも一度は耳にしたことがあるにちがいない。彼らは全員ユダヤ人である。そして彼らが作った歌は、いまやアメリカだけでなく世界中のスタンダード・ナンバーとして繰り返し演奏され、またショッピング・モールやデパートなどのバックグランド・ミュージックの定番となった。

ユダヤ系移民に発し世界を席巻したアメリカ大衆文化は、ハリウッド映画だけではなかった。世界に冠たるもう一つのアメリカ文化、ブロードウェー・ミュージカルも、おなじニューヨーク出身のユダヤ系の人々によって生み出されていたのである。

ミュージカルという音楽をともなった芝居の形式は、一九世紀の後半にはすでにアメリカに登場している。しかし、この時期におけるアメリカの演劇界全体が、まだまだ発展途上の段階にあり、演劇のふるさとイギリスにはるかに遅れをとっていた。ミュージカル自体も、ロンドンのウエスト・エンドを中心に発展しつつあった舞台形式で、アメリカはその後塵を拝していた。前述のようなユダヤ系が目立った活躍をするようになるのは、ブロードウェー・ミュージカルが独自の展開を見せ始める一九二〇年代以降のことであり、それにはまだしばらく時間を要した。

それよりも前に、アメリカの演劇界、つまりユダヤ系芸人の多くが活躍したヴォードヴィル・ショーやミンストレル・ショーではなく、より伝統的な舞台芸術の世界で、際立った活躍をしたユダヤ人が存在した。ひとりは、デイヴィッド・ベラスコであり、もうひとりはイギリス国籍ではあるが、イズラエル・ザングウィルである。彼ら二人は、まだ未成熟なアメリカ演劇界に、その後のユダヤ人の活躍を予見するかのように重要な足跡を印している。

ベラスコは、有名なプッチーニのオペラ『蝶々夫人』（一九〇四年初演）のもととなる戯曲を書いた人物である。それだけなく一九一〇年にメトロポリタン歌劇場で初演されたプッチーニの『西部の娘』も、ベラスコの戯曲『黄金の西部の娘』（一九〇五年初演）から生まれた作品である。(1)

ベラスコは当時すでに、ブロードウェーで一〇〇以上に及ぶ芝居の脚本、演出、プロデュースを手掛け、アメリカ演劇界では重要な位置を占めていた。『蝶々夫人』は、そうした彼のヒット作の一つで、ロンドンで上演していた際に題材を求めていたプッチーニの目にとまったのがきっかけで、オペラ化されたのである。その後この作品は『椿姫』や『カルメン』などと共に誰もが知るオペラの傑作に数え上げられるようになる。一人のアメリカ人の手による芝居がオペラを通じて世界中の注目を浴びたという点で、『蝶々夫人』は、当時まだ低く見られていたブロードウェーの地位をにわかに高めることとなった。

他方、ザングウィルは、イギリスでユダヤ的テーマをもとにした小説を書いていたが、一九〇八年から一九〇九年にかけてアメリカで大ヒットした芝居『るつぼ』でその名を轟かせた。とくにワシントンでの公演では、当時の大統領セオドア・ローズベルトが評判を聞いて観に来ており、大統領が感激のあまりボックス席から身を乗り出して、「素晴らしい芝居だ、ザングウィル君！　素晴らしい！」と称賛の叫び声を発したという。(2)

この芝居が大ヒットした背景には、第1章で触れたような新移民の大量流入によるアメリカ社会の多元化という状況があった。そして、当時最大の政治的課題の一つが、アメリカがいかにして統一を保持するかということであった。大統領が称賛したのは、このような状況下にあって、多様な民族がアメリカという〈るつぼ〉のなかで金属が溶け合うように融合し、一人の国民としてアメリカの未来を築き上げてくという理想を、この芝居が高らかに謳い上げていたからである。

あらすじは次のようになる――主人公の作曲家デイヴィッドはロシアで起こったポグロムを逃れてアメリカに渡ってきた。家族はすでに全員がロシアの軍隊に殺されていた。独り新世界で暮らすことになったデイヴィッドは、まもなく新しいシンフォニーの作曲に取りかかり、完成させる。そして、この曲にすべての民族の融合を願って「るつぼ」という題をつけた。いつしか、彼はロシア出身の娘を愛するようになる。あるとき、その娘の父がデイヴィッドの家族をロシアで殺した兵隊の将校であったことが分かる。その父は自分の犯した罪を認め、デイヴィッドに謝罪する。やがて芝居はクライマックスをむかえ、シンフォニーの「るつぼ」が奏でられるなか、二人はめでたく結ばれる。

この芝居は、当時のアメリカの社会状況や政治問題に即した主題であるという点で、非常にタイムリーであった。その後、人種や民族の多様性に関わる問題は、長年にわたってアメリカ演劇そしてミュージカルの主要なテーマの一つとなり、アメリカ大衆文化の中で重要な機能を果たすようになる。この芝居を機に、「人種のるつぼ」という表現が一般に使われるようになったことは言うまでもない。

いずれにしろ、ベラスコとザングウィルら二人のユダヤ演劇人の登場は、アメリカ演劇界、とくにブロードウェーにおけるユダヤ人の活躍の前ぶれであったことは間違いないのである。

2　ティン・パン・アレーとジーグフェルド

ミュージカルの中心地であったロンドンがブロードウェーにその王座を譲り渡すきっかけを作ったのは、ニューヨークのティン・パン・アレーを本拠に作曲活動をしていた音楽家たちの台頭である。そして彼らのほとんどがユダヤ系であった。

「ティン・パン・アレー」(Tin Pan Alley)とは、ニューヨーク、マンハッタンの五番街と六番街のあいだの二八丁目の地区に対する俗称で、「ブリキを叩くような雑音のする通り」というような意味である。この地区には一九世紀末から二〇世紀の初めにかけて多くの音楽出版社が集まっており、音楽家たちがそれぞれ勝手にピアノを弾いていて雑音のようにうるさい場所ということから、このように呼ばれるようになったといわれる。

いずれにしろ、この地がアメリカのポピュラー音楽のメッカとなったことは確かで、のちに詳述するアーヴィング・バーリン、ジョージ・ガーシュウィンなど著名なユダヤ系の作曲家たちの多くは、ここを起点に作品を次々と世に送り出していった。そしていまやこの地名は、ポピュラー音楽業界の代名詞にさえなっている。

ティン・パン・アレーから生み出される音楽は、最初はラグタイム、そしてのちにはジャズやブルースの要素を取り入れた新しいアメリカ音楽であった。これらの作品がブロードウェーのミュージカルに使用されることで、ロンドンのミュージカルとは異なるアメリカ独自のミュージカルのスタイルが形成されていくのである。

ところで、ブロードウェー・ミュージカルの世界に、なぜユダヤ人たちが数多く進出したのかについては、次のような説がある。

プロテスタントの多くは、劇場を邪悪な場所と見なしており、その結果、他の多くの業界にくらべると、劇場関係の分野はユダヤ人（アイルランド系カトリック教徒も同様）たちに大きく門戸が開かれていた。劇場に対する清教徒的な根強い偏見の影響で、ユダヤ人やほかのアウトサイダーたちが宗教的民族的差別をほとんど受けずに、芝居や音楽の世界に入り込み、それらをさらに発展させることができたのである。(3)

前に見たように、この当時のアメリカはまだまだワスプ中心の社会であり、彼らの道徳的価値観が支配的であった。劇場関係の仕事は汚らわしいとされ、映画やミュージカルの世界は、プロテスタントからは敬遠されていた。この手薄となった領域に、新参者の移民たちが入り込む隙間ができていたのである（第1章参照）。

ワスプとは異なり、ユダヤ人たちは、旧世界つまりヨーロッパやロシアにいた時代から、ユダヤ人社会特有のイディッシュ語演劇を通じて芝居や音楽に自然に親しんでいた。そしてアメリカへ渡ってきたのちも、この文化はユダヤ・ゲットー内で維持され、彼らは何にとらわれることもなくこの分野へ身を投じることができたのである。そしてこのような気安さが、彼らの自由な発想を支え、新しいものを次々と生み出していく原動力となったともいえる。一九一〇年に公表されたある研究によると、ユダヤ人は他の民族出身の労働者にくらべて、芝居やダンスや音楽に対する関心が最も顕著であることが分かったという。ユダヤ人がショービジネス全般に進出するのは、彼らの民族的性向の一つと言えるのかもしれない。(4)

3　ユダヤ系音楽出版社とプロデューサー

こうした文化的背景とは別に、ユダヤ系作曲家や作詞家が進出するにあたっては、それを後押しするような、より現実的な要因が二つあった。第一に、ミュージカルに音楽を供給していたティン・パン・アレーの音楽出版業界自体が、ユダヤ系によってほぼ独占されていたという事実である。なかでも最大の音楽出版社であったウィトマーク社は、三人のドイツ系ユダヤ人の兄弟によって経営され、当時のポピュラー音楽の楽譜を独占的に販売していた。同社は、国際的な音楽著作権問題が生じた際にもそれに積極的に対処し、英米間での楽譜の流通促進に貢献した。その結果、アメリカのポピュラー音楽の販路は拡大し、ブロードウェーの音楽が世界に広まるきっかけを作った。

第二の要因として、ブロードウェーでは劇場の経営もユダヤ人によって支配されていたということがある。最初は、「劇場シンジケート」と呼ばれる七人のユダヤ人興行主のグループが市場を独占し、そののち三人のポーランド系ユダヤ人プロデューサーの兄弟がそれに取って代わる。シュバート兄弟である。彼らは、ブロードウェーの多くの劇場の経営権を握り、この地が世界一の劇場街へ発展する基礎を築き上げただけでなく、アメリカ全土に広がる劇場のネットワークを築き上げた。

また、ブロードウェーのユダヤ人プロデューサーたちは因習にとらわれない進取の気性も備えていた。その代表的な人物として、シカゴ出身のドイツ系ユダヤ人のフローレンツ・ジーグフェルドが挙げられる。彼は大物プロデューサーとして「ジーグフェルド・フォリーズ」（一九〇七—一九三一）と呼ばれる一連のレヴュー作品をプロデュースした。大仕掛けで手の込んだ舞台装置を背景に、華麗な衣装をまとった美女の群れが踊りを繰り広げる豪華なショーは、たちまち大評判となった。

このレヴュー形式は、本質的にはミンストレル・ショーやヴォードヴィル・ショーの伝統を引いており、芝居としてのストーリー性は希薄である一方、観客の目を引くのはその華麗さと豪華さだった。それに加えて、主役スターの歌や語りの才能で観客を魅了した。この大がかりな舞台は、ブロードウェー・ミュージカルの雛形の一つとなり、イギリスのミュージカルとはまったく異なるショーの形式を確立することとなる。

ジーグフェルドの業績のもう一つに、『ショー・ボート』がある。一九二七年に彼がプロデュースしたミュージカルで、音楽はジェローム・カーン、歌詞と脚本はオスカー・ハマースタイン二世が担当した。この作品は、ヨーロッパのオペレッタの伝統を引いてはいるものの、そこにアメリカ的要素を付け加え、明確な主題と一貫したストーリーのもとに初めて音楽と芝居が一体化した作品として、ブロードウェー・ミュージカルの新局面を切り開いた。

また、当時としては珍しい黒人コーラスを採用しただけでなく、内容的にも異人種間結婚と混血児の問題を描いた初のミュージカルとして注目される。このようなアメリカ特有の多人種性や多民族性に光を当てるような舞台づくりは、先に見たザングウィルの『るつぼ』と同様、自らがマイノリティであるというユダヤ系ならではという感がある。これもブロードウェーという環境から生まれた特徴の一つといえよう。

ジーグフェルドの舞台では、カーンだけでなく、同じくティン・パン・アレー出身のバーリン、ガーシュウィンなどの曲が盛んに使われ、主役を演じたなかにはファニー・ブライスやエディー・キャンターなどのユダヤ人スターも数多く含まれていた。このようにして、ブロードウェー・ミュージカルにおけるユダヤ的伝統が着々と築かれていく。

4 ジョージ・ガーシュウィン

一九二七年、映画『ジャズ・シンガー』が封切られ（第2章参照）、大成功をおさめる。トーキー映画の幕開けである。音楽と芝居をはるかに安い料金で楽しめる映画の出現ということで、ミュージカル業界にとっては脅威であった。それに加えて、一九二九年に始まる世界大恐慌の影響で、ミュージカルの観客は減少した。「ジークフェルド・フォリーズ」の豪華な舞台は、このような状況下で、比較的余裕のある観客を劇場へ呼び込むための方策でもあった。

しかし一方で、『ショー・ボート』の成功を知った音楽家や脚本家たちは、この作品を一つの雛形として、より質の高いミュージカル作品を目指していく。その先駆けとなったのが、ジョージ・ガーシュウィン作曲、兄のアイラ・ガーシュウィン作詞の『君がために歌おう』（一九三一）である。これは政治風刺の喜劇で、ミュージカルとしては初のピューリッツァー賞を受賞している。表題曲「君がために歌おう」（Of Thee I Sing）はガーシュウィンのスタンダード・ナンバーの一つである。

もっともガーシュウィンは、クラシック音楽の作曲家としての評価も高く、一九二四年に発表した『ラプソディ・イン・ブルー』は、ジャズとクラシックを融合させた「シンフォニック・ジャズ」と呼ばれる新しい音楽の局面を切り開いた。このような彼の才能は、オペラ『ポーギーとベス』（一九三五年初演）に結実し、アメリカ音楽の古典の一つとなっている。だが、彼自身が「フォーク・オペラ」

と呼んでいるように、この作品はオペラに限りなく近いミュージカルなのかもしれない。そのことを物語るかのように、初演はオペラ・ハウスではなくブロードウェーで行われた。劇中で歌われる「サマータイム」は、誰もが知るスタンダード・ナンバーとして現在でも歌い継がれている。

さらに、すべての出演者が黒人であるというのも異例のことであった。ユダヤ人作曲家が黒人音楽をベースにして曲を書き、それを黒人のキャストが歌うという趣向は、一九五八年に黒人トランペッターのマイルス・デイヴィスとユダヤ人編曲者ギル・エヴァンスのコンビで再現され、そのレコードはジャズ・オーケストレーションの傑作として不朽の名盤の一つに数え上げられる。

また、ジーン・ケリー主演の『巴里のアメリカ人』（一九五一）は、ガーシュウィン作曲の交響詩『パリのアメリカ人』（一九二八）に刺激されて書かれたミュージカル映画で、そのなかで使われるヒット曲の数々はすべて、ガーシュウィン兄弟のコンビによって書かれたものである。多くの名曲を残し、アメリカ音楽界に多大な影響を与えたジョージ・ガーシュウィンは、脳腫瘍のため三九歳の若さで亡くなっている。

5　アーヴィング・バーリン

バーリンは、ニューヨーク生まれのガーシュウィンとは違い、ロシア生まれのユダヤ人である。五歳の時に両親と共にアメリカへ渡ってきたが、三年後に父親を失ったため、貧しい幼少時代を過ごした。二〇歳の頃、生活のため酒場でウェイター兼歌手として自作の曲を歌っていたところを、音楽出版社の社員の目にとまり、専属のソングライターとして雇われることとなった。これがバーリンのティン・パン・アレーへのデビューである。さっそく頭角を現し、最初のヒット曲「アレクサンダーズ・ラグタイム・バンド」（一九一一）を世に出した。そのとき彼は二三歳であった。

その後猛烈な勢いで曲を書いていき、その数は一、五〇〇曲にも及ぶ。彼の歌は「ジーグフェルド・フォリーズ」にも多用され、そこからヒット曲が次々と生まれた。なかでも、「ブルー・スカイズ」は、映画『ジャズ・シンガー』のなかでアル・ジョルソンが歌ったことから、当時最大のヒットソングになった。

バーリンの音楽は舞台、映画を問わず、当時のショービジネスの発展と連動するかたちで世の中に浸透していった。彼の曲が使われたミュージカルは一九、映画は一八にものぼり、さらにアカデミー音楽賞には八回ノミネートされている。彼の多くのヒット曲の中で、アカデミー賞を受賞した「ホワイト・クリスマス」は、一九四二年の映画『スイング・ホテル』の挿入歌であった。クリスマスのたびにどこかで流れているこの曲は、繰り返しカバー・ヴァージョンが生まれ、歴史上最もヒットしたポピュラー・ソングとなっている。

また、「ショーほど素敵な商売はない」は、一九四六年初演のミュージカル『アニーよ銃をとれ』でエセル・マーマンが歌ったのが最初である。歌とともにこのミュージカルは空前のヒットとなり、一、一四七回の公演回数を記録した。バーリンが作詞作曲したミュージカルで最も成功した作品である。実在した射撃の名手アニー・オークリーを主人公にしたもので、一九五七年には、ゲイル・デイヴィス主演のテレビ・シリーズがTBS系列で放送されたため、日本でも知る人は多い。

実は、二〇〇八年のアメリカ大統領民主党選挙の際、バラク・オバマがヒラリー・クリントンをこのアニーになぞらえて批判したことから物議を醸した。さらに、このミュージカルのもう一つの挿入歌「エニシング・ユー・キャン・ドゥ」は、アニーと相手の男との掛け合いによって歌われるのだが、その中で頻繁に「イエス・ユー・キャン」という言葉が繰り返されていたため、あるいたずら好きのアメリカ人が、これをクリントンとオバマに置き換えて映像を作り、インターネットで流した。これは現在でもネット上で見ることができる。(5)

バーリンがアメリカ人の心をつかんだのは、ロシア生まれのユダヤ人であるにもかかわらず、彼自身がアメリカをこよなく愛していたからである。その愛国心の表れが、第二のアメリカ国歌とも呼ばれる「ゴッド・ブレス・アメリカ」である。彼はこの曲を、自ら兵役に就いた第一次世界大戦中の一九一八年にキャンプ内で作曲した。折しも、当時の大統領ウッドロウ・ウィルソンが大戦へのアメリカの参戦を宣言した際、「アイルランド系アメリカ人も、ユダヤ系アメリカ人も、またとりわけドイツ系アメリカ人も、いまやすべて一点の曇りもないアメリカ人でなければならない」と国民に訴えていた。(6)アメリカ人の心が一つになるのを願う気持ちは、バーリンも『るつぼ』を書いたザングウィルも同じだった。

「ゴッド・ブレス・アメリカ」が実際に世に出たのは、ケイト・スミスがラジオを通じて歌った一九三八年のことである。そのときすでに、非公式のアメリカ国歌になっていた。アメリカが第二次大戦に参戦して一年後の一九四二年、バーリンが書いたミュージカル『これが陸軍』（*This is the Army*）にこの曲が使われ、世界中のアメリカ軍基地で上演された。芝居に同行したバーリンは、三年半も家を留守にしただけでなく、報酬は一切受け取らず、興行で得た収益もすべて国に寄付した。(7)

ミュージカルは一九四三年に映画化されたが、出演した一人が当時俳優であったロナルド・レーガンであった。保守的な反共主義者で、一九八〇年代に「強いアメリカ」を標榜したあのレーガン大統領である。このようなエピソードのいくつかを見ただけでも、この曲とアメリカのナショナリズムとの密接な関係性がうかがえる。

またこのことは記憶に新しいと思われるが、二〇〇一年の9・11の際には、その日の午後、連邦議会議員たちが議事堂の階段でこの曲を斉唱しただけでなく、二日後の夜、ブロードウェーで公演中の出演者たちが総出で観客と共に歌った。それからしばらく、この曲は連日連夜アメリカ中のラジオやテレビを通じて流され、このとき「ゴッド・ブレス・アメリカ」はセリーヌ・ディオンの歌声でナンバーワン・ヒットソングに返り咲いたのである。彼の生前から現在に至るまで、バーリンほどアメリカのナショナリズムに関わったユダヤ系音楽家はいない。

第5章　ミュージカルの黄金時代

1　ロジャースとハマースタイン

『ショー・ボート』がミュージカルの新機軸を立ち上げた後、その流れをさらに発展させたかたちで一九四三年に『オクラホマ！』が誕生した。リチャード・ロジャースが曲を書き、オスカー・ハマースタイン二世（以下、ハマースタイン）が作詞した。

ロジャースは当初、すでにコンビを組んでいくつかのヒット作を書いていたロレンズ・ハートとの共作を考えていたが、ハートが極度のアルコール依存症のため仕事が続けられないと自ら断り、代わりに、コロンビア大学の学生時代からの友人で仕事上のパートナーであったハマースタインを紹介した。ハマースタインは『ショー・ボート』の作詞を担当した人物である。

このような経緯で誕生したロジャースとハマースタインのコンビであるが、一九四〇年代から五〇年代にかけて名作を次々と世に送り出し、ブロードウェー・ミュージカルの黄金期を形成することになる。『オクラホマ！』はこのコンビが生んだ最初の作品だった。二人は意欲的に、いくつもの新しい技法を開発し、『ショー・ボート』に始まったミュージカルの革命をこの作品によって完成させることになる。

『オクラホマ！』の特徴は、音楽とストーリーの緊密さがさらに増したところにあるが、それを実現するには物語の進行のための新しい技法が必要であった。その一つが登場人物の心情を歌だけでなくダンスによって表現するという手法である。しかしこのダンスは、従来のミュージカルにあった踊り子たちによる見世物的なそれではなく、バレエの要素を大幅に取り入れ、微妙な体の動きによって人物の感情を表現し、物語を進行させるという機能を持つ。

とくにヒロイン、ローリーのバレエ・シーンは、ローリーの心理の奥底に潜む恐怖と願望を物語る悪夢を優麗なバレエで表現したもので、一〇分間以上も繰り広げられる。この新しい試みのために、ロジャースとハマースタインはバレエ専門の振付師を特別に雇い入れ、徹底的な振り付け指導を行った。

物語の進行の上でダンスが重要な役割を担うようになったのは、『オクラホマ！』がはじめてである。そこから生まれる舞台表現の精妙さと統一感は、観客の心を強く打ち、興行的にも大成功した。『オクラホマ！』はこの最初の公演だけで、三年半にも及ぶ史上空前の二、二一二回のロングランを記録した。ここで確立されたミュージカル形式は、一四年後の『ウエスト・サイド物語』に引き継がれることになる。

また、スタンダード・ナンバーとなった「オー・ホワッタ・ビューティフル・モーニング」で始まるオープニング・シーンも斬新であった。農家の女がバターを作るためミルクをかき混ぜているシーンを背景にこの曲が歌われるのである。従来のミュージカルでは、コーラス・ガールが登場し、派手に歌い上げるというのが、通常のオープニングのありかただった。

『オクラホマ！』は、アメリカの田園地帯を背景とした作品である。だが、この一見のどかなオクラホマの農村社会は、アメリカ社会の縮図として捉えることもできる。実は、カウボーイと農民ばかりのこの村には、ワスプではない二人のよそ者が入り込んでいた。一人は行商人のアリ、もう一人は浅黒い顔をしたジャドである。一見のどかで、平和なこの〈アメリカ的〉社会における、よそ者の位置づけが微妙な問題をはらんでいる。

アリはペルシャ人という設定だが、その役割とキャラクターからユダヤ人の行商の隠喩であることが分かる。アリの姓はハキムで、これはヘブライ語の「ハカム」（賢い男の意）に由来する。また、ジャドは、白人社会にとって外部的存在であり、白人女性の貞操を脅かす性的略奪者として登場する。こちらは黒人の隠喩と考えることができる。この芝居では、最終的にアリは村のコミュニティーに同化してフィナーレの祝祭を迎えるが、ジャドは同化しきれず死ぬ運命となっている。ここには、ロジ

ャースとハマースタインのユダヤ人としての被差別者意識と、そこから来る同化願望が関係しているという見方がある。(1)

それとは別に、このミュージカルが書かれたのは、第二次大戦の真最中であり、ザングウィルの『るつぼ』と同様、各種民族（エスニシティ）の統一が喫緊の課題であったという事情も背景としてあった。だがこの芝居では、ジャドの運命に見るように、異人種は外部であり続ける。民族すなわち白人種のなかの差異は克服可能だが、人種の統合は困難であるというアメリカの現実を暗に示唆しているとも読めるのである。

ロジャースとハマースタインのコンビは大戦後、『南太平洋』（一九四九）、『王様と私』（一九五一）、『サウンド・オブ・ミュージック』（一九五九）など、アメリカ以外の地域と文化を背景とした名作を次々と生み出していく。異人種間の差異は、とくに『王様と私』におけるシャムの王様とイギリス人女性家庭教師アンナとの関係に、克服困難な溝として描かれている。それを端的に表しているのが「シャル・ウィ・ダンス」のメロディーに合わせて二人が踊るシーンである。王様がアンナの体を無理やり抱えながら、上機嫌に踊っていると、突然音楽が中断する。逃亡を図った男が捕らえられ、その場に連れてこられたのである。王様は、アンナの懇願にもかかわらずその男を鞭打とうとする。そこで、アンナから発せられた言葉は、「あなたは野蛮人よ！」である。ここで、王様の異人種としての性格は、改めて際立つことになる。(2)

彼らの作品には、民族や人種の差異と境界を明確に描き出すことで、観客にそのような人種的・民族的多様性を再確認させ、それに対する〈寛容〉を導き出そうという傾向が見られる。これは、一九〇八年にザングウィルが『るつぼ』で描こうとした民族の融合とはまったく違うスタンスである（第4章参照）。この時期のユダヤ系のクリエーターたちは、この〈寛容〉が自らの異質性を緩和するものであり、またアメリカという民主主義社会が到達すべき理想であると考えていた。これは第二次大戦以降のアメリカ大衆文化が生み出した新たな風潮の一つでもあった。

ブロードウェーでの彼らのヒット作は、いずれの作品も映画化されて世界中の観客を楽しませただけでなく、これらのミュージカルで使われた歌は、スタンダード・ナンバーとして広く浸透した。なかでも、「バリ・ハイ」（『南太平洋』）、「シャル・ウィ・ダンス」（『王様と私』）、「ドレミの歌」、「マイ・フェイヴァリット・シングス」、「エーデルワイス」（『サウンド・オブ・ミュージック』）などはその代表的な例である。

2　レナード・バーンスタインと『ウエスト・サイド物語』

クラシック音楽界の巨匠レナード・バーンスタインは、ポピュラー音楽ファンやミュージカル・ファンのあいだでも広くその名を知られている。それは、彼がクラシック音楽の業績以上に、『ウエスト・サイド物語』の作曲家としてその名を馳せたからだ。

バーンスタインは、これまで述べてきた作曲家と同様、ユダヤ人の家庭に育ったが、出身はニューヨークではなく、マサチューセッツ州であった。その地理的な条件も影響して、ニューヨークではなく、地元のハーヴァード大学で音楽を勉強した後、フィラデルフィアのカーティス音楽院で本格的なクラシック音楽の教育を受けている。卒業後しばらくしてその才能は認められ、副指揮者などの経験を積んだのち、一九五八年にはアメリカ生まれの指揮者として初めてニューヨーク交響楽団の音楽監督に抜擢された。

バーンスタインのクラシック音楽に関する様々な業績はさておき、『ウエスト・サイド物語』の作曲を担当するに至る経緯を振り返ってみよう。一九四九年、ユダヤ系のバレエ振付師ジェローム・ロビンズが、バーンスタインと脚本家アーサー・ローレンツ（ユダヤ系）の二人に『ロメオとジュリエット』を下敷きに現代的ミュージカルを共同で作る話を持ちかけた。

当初は、マンハッタンのローワー・イースト・サイドに住むユダヤ系の一家とイタリア系の一家のあいだの物語で、ヒロインの娘はホロコーストの生き残りでイスラエルからの移民という設定であった。タイトルも『イースト・サイド物語』になるはずだった。しかし様々な事情で、しばらくのあいだこの企画は棚上げとなる。一九五五年になってようやく具体化し始め、そのとき、作詞を担当することになる若手スティーヴン・ソンドハイム（ユダヤ系）の起用の話も持ち上がった。

たまたま仕事でロサンゼルスにいたローレンツとバーンスタインは、当時社会問題となっていたロサンゼルスの青少年ギャングを題材にすることを話し合った。しかしローレンツから、自分たちがよく知るニューヨークのプエルトリコ人とハーレムの問題に置き換えようという意見が出て、企画はさらに具体的に動き出した。結局は、プエルトリコ系のマリアとポーランド系のアントン（トニー）の恋愛を軸に物語は作られることになり、プエルトリコ系のグループは「シャークス」、ポーランド系のグループは「ジェッツ」と呼ばれることになる。

こうして、音楽がバーンスタイン、作詞ソンドハイム、脚本ローレンツ、振り付けと演出はロビンズと、すべてユダヤ系で固めたチームで『ウエスト・サイド物語』は作られることとなった。すべてユダヤ系となったことについては、偶然なのか必然なのか判断はつきかねるが、当時のブロードウェーの状況からして、このようなことは不自然ではないと言うことはできるであろう。それほど多くのユダヤ人が数多くの芝居づくりに関係していたのである。

このミュージカルは、少年ギャング同士の抗争という若者の非行問題を扱ってはいるが、同時にマイノリティ集団の貧困と差別という部分にも光を当てている。このことは、製作チームが全員ユダヤ系であったということと無関係ではない。彼ら自身が、マイノリティ集団の出身であり、芝居の若者たちと同様の経験をしてきているからである。このミュージカルが人気を博した理由の一つには、多民族国家としてのアメリカが本質的に抱える問題を真正面から扱ったという主題の新奇さがあった。しかしそれよりも、多くの若者を圧倒的に魅了したのは、舞台で展開するまったく新しいスタイルの

図5　映画『ウエスト・サイド物語』（1961）

音楽とダンスであった。

ブロードウェー公演の劇評の見出しにこうある――「『ウエスト・サイド物語』、申し分ないスーパー・モダン・ミュージカル・ドラマ」（『ニューヨーク・デイリー・ニュース』一九五七年九月二七日）。また同じ評のなかでは「ジュークボックス・マンハッタン・オペラ」とも名づけている。大方の劇評は、『ウエスト・サイド物語』の斬新な試みを歓迎していた。バーンスタインの緩急自在な才気あふれる音楽に、ロビンズの大胆な振り付けによるバレエがからみ、躍動感に満ちたステージが繰り広げられる。とくに、ナイフを使った息をのむような決闘シーンは注目された。もちろん、物語の展開を担うバーンスタインの楽曲の素晴らしさは言うまでもない。

一九六一年には映画化され、こちらは舞台以上に大ヒットしただけでなく、アカデミー賞を一〇部門で獲得している。マリアを演じたのは人気女優ナタリー・ウッドであった。またサウンドトラックのレコードは、史上最高の売り上げを記録し、バーンスタインの作曲家としての名声は一挙に上昇した。彼の作曲した「トゥナイト」、「アメリカ」、「マリア」などは、そのさわりだけなら誰でも口ずさむことができよう。

3　『屋根の上のバイオリン弾き』

一九六〇年代に入ると、ブロードウェーではユダヤ的問題をテーマにした作品が目立つようになる。これまでも見てきたように、ユダヤ系のクリエーターたちは、アメリカの多民族性や多人種性を積極的に題材として扱い、マイノリティに対する共感を自分たちの作品を通じて表現してきた。この時期になると、自らのユダヤ性自体を作品化し始めるのである。その代表的な作品で、最大のヒット作が『屋根の上のバイオリン弾き』である。一九六四年の九月から一九七二年の七月までのロングランで、公演回数は三二四二回というブロードウェー史上の新記録を達成した。

日本でも、森繁久弥が主演して、一九六〇年代から八〇年代にかけて約二〇年間の超ロングランを続けていたのは記憶に新しい。主題歌の「サンライズ・サンセット」の哀感をたたえたメロディーは、忘れることのできない名曲として多くの人々の心に残っている。

このヒット作は、ユダヤ人作家ショロム・アレイヘムの短編作品「牛乳屋テヴィエ」が原型となっており、これを下敷きに、やはりユダヤ人のジョゼフ・スタインがミュージカル用に脚色した。アレイヘム自身がロシアのウクライナ地方から移民してきたユダヤ人であるだけに、物語の中身は彼自身の経験と心情に基づいている。

そのあらすじは次のようになる――時代は二〇世紀初頭、ロシアのウクライナ地方のユダヤ人居住区で細々と牛乳屋を営むテヴィエは、熱心なユダヤ教徒で、戒律を忠実に守りながら、貧しくも平和な生活を送っていた。そうしたなか、年頃の娘たちが、ユダヤの伝統と親の意向に反して身近で知り合った若者と次々に恋に落ち、結婚を決めていく（そのうちの一人は非ユダヤ人の青年と結ばれる）。ユダヤの伝統では親の依頼する結婚仲介人が縁談を進めるのが普通だった。それでも、娘たちそれぞれの意思を尊重するテヴィエは、嫁ぐ娘たちにさびしい思いを抱きながら送り出す。そして、こう呟く、「世の中が変わりつつある。わしもそれと一緒に変わらなくてはならない」。

しかし、この時期のロシアは、第1章で述べたようにポグロムの時代で、ユダヤ人迫害の波が次第に彼らの生活の場にも押し寄せて来ていた。最後には、ユダヤ人の国外追放が始まり、テヴィエの家族は抵抗することもなく、わずかな荷物を携えながら、故郷を離れてアメリカへ向かうことになる。

現在のアメリカ在住のユダヤ人の大部分は、『屋根の上のバイオリン弾き』の家族のように、このポグロムを逃れてロシア・東欧から渡ってきた移民たちの子孫である。したがって、このテヴィエ一家の物語は、アメリカのユダヤ人にとっては自分たちのルーツの在りようを物語るものであり、強いノスタルジーを喚起せずにはいられない。しかし、劇場に押し寄せた観客はユダヤ人だけではなく、むしろその大部分は非ユダヤ系のアメリカ人たちであった。なぜ、このような一民族の過去に関わる芝居が当時最大のヒット作となりえたのか。

4　ユダヤ人を取り巻く状況の変化

前に見たように、一九四〇年代から五〇年代にかけて、ロジャースとハマースタインのコンビは次々とヒット作を作り続けていた。それらの作品は観客に人種的・民族的多様性に目を向けさせる内容であり、また、作る側自身の社会的地位の向上と安定を意識した内容でもあった。ハリウッドの映画作品にも同様の傾向が見られる。だが、大戦後のユダヤ人を取り巻く状況は急速に変化し始めていた。

まずは、戦争が終結したことによりナチスの脅威はなくなり、国内においても同様の運動（アメリカ国内でもナチズムは一時隆盛した）は収束した。そして、一九五〇年代にハリウッドを中心に吹き荒れ、多くのユダヤ系映画人が犠牲となった赤狩りも、一九五四年のマッカーシー上院議員の失脚の余波を受けて、次第に収束していった。このような状況を背景に、それまでアメリカ国内にくすぶっていた反ユダヤ主義的動きは急激に減少した。そして、民族上の違いを表す〈ユダヤ〉という概念は、いつの間にか、宗教上の違いとして認識されるようになり、同じヤハウェを神と仰ぐ三種の宗教の一つとして、ユダヤ教はプロテスタントおよびカトリックと同列に扱われるようになる。(3)

さらに、アメリカ文化におけるユダヤ系の地位向上を示すものとして、ユダヤ系文学者の台頭が挙げられる。つまり、一民族のアメリカでの経験が普遍性を持ち、多くのアメリカ人から共感を持って受け入れられ始めていたという現象である。サリンジャーの『ライ麦畑でつかまえて』やソール・ベローの『オーギー・マーチの冒険』は、一九五〇年代にはすでにベストセラーとなっていた。この二人の作家以外にも、一九五〇年代から六〇年代にかけて多くのユダヤ系作家・詩人の作品が広く読まれるようになり、一時は文壇を席巻した感さえあった。つまり、かつては白眼視され、また差別されていたユダヤ人たちの作品が市民権を持ち始めたということである。

それに加えて、かつてユダヤ人と同様に新移民として一九世紀末から二〇世紀初頭にかけてアメリカに渡ってきた他のマイノリティ集団が、世代を重ねるにしたがって、その人口を増大させていたことも大きい。つまりワスプ一辺倒であった時代からくらべると、マイノリティの相対的な存在感が増したのである。また前述したように、ミュージカルや映画という大衆文化のレベルで、多民族性を背景とした題材が盛んに扱われるようになり、マイノリティ文化に対する違和感が大幅に減少したという事情も関係している。つまり、ユダヤ系のミュージカル関係者にとっては、以前のように、同化を希求する必要も、差別を恐れる必要もなくなり、自らのユダヤ性を前面に打ち出すことのできる環境が整い始めていたのである。

また、このようなアメリカ社会と文化の変容を背景に、これまで同化することに忙しかった各マイノリティ集団のなかには自らの民族性に対する誇りと自覚が芽生え始めていた。例えばユダヤ系がロシアや東欧を懐かしむように、アイルランド系がアイルランド文化、イタリア系がイタリア文化を見直すという風潮が生まれたのである。『屋根の上のバイオリン弾き』の大ヒットはそのような先祖がえりの風潮を象徴する現象であったともいえる。

さらには、映画関係者、劇場関係者、評論家におけるユダヤ系の数が極めて多いため、いつの間にか、アメリカ人一般の観客や読者が、ユダヤ的な経験や感受性を共有するようになった、と考えることもできる。それは近現代のヨーロッパにおいて、ユダヤ人の思想や文学が広く読まれるようになった要因として、ユダヤ的状況の普遍化という現象があったのとよく似ている(4)。

ブロードウェー・ミュージカルの場合には、ハリウッドとくらべても、その製作現場に占めるユダヤ系の割合が圧倒的であるため、そこにおけるユダヤ的なるものはさらに強いといってよい。一方、ミュージカルが一つの娯楽産業であれば、ユダヤ人以外の観客の嗜好を考慮に入れる必要があり、そこにはおのずと、製作する側の〈アメリカ化〉という傾向がともなう。『屋根の上のバイオリン弾き』の場合は、観客の側の〈ユダヤ化〉と、製作する側の〈アメリカ化〉がうまく調和した、ということができるかもしれない。ブロードウェーに親しんだ観客は、いつの間にかユダヤ的なるものに慣らされ、作品を作る側も、普遍的な要素を作品に盛り込むことを怠らない。それが首尾よくいけば、その芝居は「われわれも好きであるし、彼らもまた好きである(5)」というものになる。

このユダヤ人の物語が、民族を超えて愛されたのは、テヴィエ一家の家族愛、神への尊崇の念（この「神」は、キリスト教徒にも、ユダヤ教徒にも共通するヤハウェである）、一家の長の試練と責任、そしてアメリカへの移民という、多くのアメリカ人が共有する経験と感情が、哀感に満ちた音楽とともに見事に描かれていたからである。

5 『コーラス・ライン』とハムリッシュ

一九六〇年代の末になると、ブロードウェーの舞台も様相が一変する。ロック・ミュージカル『ヘアー』(一九六八年初演)の登場である。ベトナム反戦運動、ヒッピー、ドラッグカルチャー、フリーセックスなどの一連のカウンターカルチャーと反体制的なメッセージが、ロックのサウンドに乗って舞台上で展開する。この成功に続いたのが、『ジーザス・クライスト・スーパースター』(一九七一年初演)で、イギリス人の作詞家と作曲家によるものであった。この頃から、長いあいだブロードウェーの製作現場をほぼ独占してきたユダヤ人の優位性は次第に目立たなくなり始める。

そうしたなか、ユダヤ人作曲家としてブロードウェーにおける最後の光芒を放ったのは、二〇一二年に他界したマーヴィン・ハムリッシュである。ブロードウェー史上最大のヒット作の一つである『コーラス・ライン』(一九七五年初演)の音楽を担当したのは彼だった。それだけでなく、『スティング』(一九七三)をはじめとする数多くの映画音楽を手掛け、アカデミー賞(三回)、グラミー賞(四回)、エミー賞(四回)、トニー賞の四つの賞をすべて、しかも複数回受賞した数少ない作曲家である。

ハムリッシュは一九四四年にニューヨークに生まれた。父母はウィーンから移民してきたユダヤ人である。父が音楽家であったため、幼い頃からその音楽的才能は開花し、ジュリアード音楽院でピアノの教育を受ける。しかし、クラシック音楽家への道を断念し、ポピュラー音楽の世界へ身を投じた。のちにハムリッシュ自身が、音楽的インスピレーションを受けた作品は、『マイ・フェア・レディ』、『ウエスト・サイド物語』、『ジプシー』であった、と語っているが、いずれもユダヤ系の先輩作曲家たちの作品であった。[6] この点で、彼がユダヤ系作曲家の系譜に位置づけられることは間違いない。『コーラス・ライン』のフィナーレを飾った曲「ワン」（*One*）に合わせてのラインダンスは、古きよきブロードウェーの舞台を再現したものであった。

第6章　舞台からテレビへ

1　ユダヤ系コメディー・ライターたち

一九五〇年代になると、テレビ放送が本格化し、大衆文化は一気にテレビ時代へと向かう。ハリウッドの場合と同様、CBS、NBC、ABCの三大ネットワークはいずれもユダヤ人によって創設され、番組製作に関わるプロデューサーのほとんどもユダヤ系が占めていた。だが、一九五〇年代当時、日本でも盛んに放映されていたアメリカのテレビ・ドラマのなかに、ユダヤ的題材やユダヤ人らしき登場人物をほとんど見ることはなかった。とくに、プライム・タイム、つまり日本でいうゴールデンタイムの時間帯に放映されたドラマには、全くと言っていいほどユダヤ的要素はなかった。『パパは何でも知っている』はその典型的な例である。

これには理由があった。CBSが行った調査の結果、全米の視聴者の多くはユダヤ人をテレビで見ることに興味がない、つまり見たくないということが分かっていたからである。その他に視聴者が嫌ったのは、離婚した人々、ニューヨーク出身者、口髭を生やした男などである。アメリカの視聴者の多くは、移民が多く住むニューヨークのライフスタイルよりは、ワスプが多くを占める郊外住宅地の豊かで幸せな家庭生活の在りようをブラウン管の中に見たかったのである。(1) ユダヤ系が活躍する現在のテレビ・ドラマの状況からすると信じられないような調査結果である。

さらには、一九五〇年代のアメリカは赤狩りの時代であり、前述のようにユダヤ人と共産主義者が同一視されるような風潮があった。また、ホロコーストの恐怖はついこのあいだのことで、反ユダヤ主義がまたいつ起こるかという恐怖は、放送会社の経営者といえども感じないわけにはいかなかった。彼らは、番組がユダヤ的になり過ぎることを極力避けたかったのである。この点が、ニューヨークの観客を相手にするブロードウェーと、全米のアメリカ人を対象にするテレビとの違いである。

だが、遅い時間帯に放送される大人向けのコメディー番組となると少し様子が異なっていた。一九五〇年代から六〇年代のアメリカのコメディー番組のほとんど全ては、ユダヤ系のコメディー・ライターによって書かれ、出演者の多くもユダヤ系が占めていた。彼らは、名前こそユダヤ的な響きがないように変えていた（例えば、後述するウディ・アレンの本名はアレン・コニグスバーグだったし、メル・ブルックスはメルヴィン・カミンスキーだった）が、(2) 彼らが表現する内容はある意味で極めてユダヤ的だった。

ユダヤ系のコメディー・ライターたちは戦後まもなく、新しいタイプのコメディーを創出する。なぜなら、放送番組という限られた時間内にコメディーを成功させるためには、個性的なコメディアンを起用し、その芸を中心に凝縮されたギャグを展開する必要があったからである。そのために採用されたのが、二分から二〇分程度の短時間で展開する「スケッチ」（寸劇）と呼ばれる手法である。[3]これは、ユダヤ系芸人たちが得意としたヴォードヴィル・ショーの伝統を引くもので、テレビでは一般の視聴者にも受けるように、題材にも気を使いながら、より洗練されたかたちにした。[4]

当時圧倒的な人気を誇ったシド・シーザーのコメディー番組はその最も典型的な例である。シーザー自身が演じるいくつものスケッチによって構成され、日常的なある一場面を設定し、そのなかで常識や建前を打ち崩すような言葉や行為がさりげなく展開する。そのズレが笑いを誘う。またそこには人間の本性や本音が関与しているだけに、その笑いには共感もともなう。

このような新しい形式のコメディーは、のちに「シットコム」（sitcom = Situation Comedy の略）と呼ばれるようになるが、この時代に確立したスケッチの手法がドラマ化したものである。日本でも放映され人気を博した『アイ・ラブ・ルーシー』なども、同じようなユダヤ系のスタッフが製作した番組で、シットコムの先駆けの一つである[5]（主演のルシル・ボールは非ユダヤ系）。

シド・シーザーのもとで台本を書いていたコメディー・ライターたちには、のちに映画で名を成すウディ・アレンやメル・ブルックス、『ザ・サンシャイン・ボーイズ』（一九七二年初演）を書いてブロードウェーで名を馳せることになるニール・サイモン、一九六〇年代の人気コメディー番組『ディック・ヴァン・ダイク・ショー』を演出するカール・ライナー（彼はソール・ブルーム役で二〇〇一年公開の映画『オーシャンズ11』にも出演）、テレビ版『M＊A＊S＊H』（一九七二―一九八三）や映画『トッツィー』（一九八二）などの脚本を書くようになるラリー・ゲルバートなども含まれていた。いずれもユダヤ系である。このような状況に関しては次のようなジョークがある。

当時二二歳でシーザーのコメディー・ライターであったラリー・ゲルバートが「どうしてこのショーのライターたちは、〈若いユダヤ人〉ばかりなのでしょうか？」と尋ねられた。それに対して彼はこう答えた、「たぶんそれは、彼らの両親が〈年取ったユダヤ人〉だからでしょう」と。(6)

彼らの描くコメディーは、当時のホーム・ドラマと違い、郊外のワスプの生活というよりは、コスモポリタン的な都市のライフスタイルと現実感覚に裏打ちされている。それは、根無し草的で、風刺と皮肉に満ちた、ある種〈ユダヤ的〉なユーモアといってもよい。このようなユーモアのセンスは、彼らが育ったユダヤ・ゲットーの暮らしのなかで培われたものであり、その底の部分にはユダヤ人が歴史的に磨き上げてきたユダヤ・ジョークの伝統が流れている。

2　レニー・ブルース

前述のように、ユダヤ系がアメリカ文化の様々な分野で台頭し始める一九五〇年代から六〇年代は、ユダヤ的テーマがアメリカにおいて一般化していく過程でもある。そのようななかで、一部のユダヤ系の才人たちは、アメリカに同化することによってではなく、自己のユダヤ性に固執しながら、一方でユダヤ社会のタブーを破ることを通じて、新たな表現を生み出していく。そしてその結果、彼らは一種の自虐的ユーモアあるいはブラック・ジョークの名手として、アメリカ文化の中に位置を獲得していくことになる。

そのような才人の中で最も過激だったのが、レニー・ブルースである。彼は、一九二五年にニューヨーク市ロングアイランドで生まれたが、五歳のとき両親が離婚し、親戚に預けられる。母親は、ステージ・パフォーマーだった。ブルースは、兵役を終えて間もない一九四七年に、スタンダップ・コメディアンとして舞台に立ち始める。

ブルースの真骨頂は、タブーを破ることにある。既成の道徳、アメリカの政治、法律、愛国心、人種、有名人、肯定すべきものをすべて破壊する。しかも、自らのユダヤ性も俎上に載せ、それを徹底的に揶揄する。

考えてみよう。僕はユダヤだ。カウント・ベイシーはユダヤだ。レイ・チャールズはユダヤだ。エディー・キャンターは非ユダヤだ。ブネイ・ブリスは非ユダヤだ。ハダサーはユダヤ。海兵隊は極めつけの非ユダヤ、危険だ。(7)

ここで言われているカウント・ベイシーとレイ・チャールズは、無論、黒人ミュージシャンであり、キャンターはユダヤ人のスター、「ブネイ・ブリス」はユダヤ人男性の団体、「ハダサー」はユダヤ人女性の慈善団体である。このような調子で、ユダヤ人と非ユダヤ人の両方に向かって、既成の観念と価値の転倒を迫る。常識や建前を破壊し、危険を顧みず〈真実〉を暴露する。それがレニー・ブルースの魅力である。映画界を牛耳るようになったユダヤ人についての皮肉は、かなり辛辣である。

ユダヤ人はショービジネスの世界に入り込んだ。そして、映画の脚本を書き、映像を作り上げる。映画を立ち上げたのはユダヤ人だし、彼らが映画界を牛耳っている。当然ユダヤ人は自分が美しいと思っていること、醜いと思っていることなんかを書くわけだ。でも驚くじゃないか、映画のなかにユダヤ人の悪人やゴロツキなんて一人も出てきやしない。(8)

ブルースの歯に衣着せぬ皮肉と猥褻な言動は、しばしば当局の怒りを誘い、幾度となく彼は逮捕された。一九六四年の六か月に及ぶ裁判では、表現の自由をめぐる戦いが繰り広げられ、多くの有名人がブルースを支援するために立ち上がった。このなかには、ウディ・アレン、ボブ・ディラン、アレン・ギンズバーグ、ノーマン・メイラー、ノーマン・ポドレッツ、ポール・ニューマン、スーザン・ソンタグなどのユダヤ系だけでなく、ウィリアム・スタイロン、ジェームズ・ボールドウィン、ゴア・ヴィダル、ジョン・アップダイクなどの作家、そして女優のエリザベス・テイラーなど、非ユダヤ系の著名人が含まれていた。しかしながら、判決は有罪で四か月の禁固刑が言い渡される。

ブルースはまもなく保釈となるが、その二年後に麻薬の過剰摂取で死亡する。彼の死後三七年が経過した二〇〇三年一二月、恩赦が認められた。ニューヨーク州の裁判史上初めての死後の恩赦だった。

3　ウディ・アレン

ニューヨーク市ブルックリン出身のウディ・アレンは、最も典型的なユダヤ系映画作家として広く知られている。両親は生まれも育ちもマンハッタンのロウワー・イースト・サイドであるから、かつてのユダヤ・ゲットーの雰囲気が家庭の中に漂っていたに違いない。実際、アレンは子供の頃イディッシュ語を話すことができたし、ヘブライ語学校にも八年間通わされた。このようないわば純ユダヤ的環境は、彼の作品に大きな影響を与えている。

ニューヨーク大学に最初入学したが出席せず、すぐに退学。そののちニューヨーク市立大学に短期間通ったが、やはり退学。そのあいだ何をしていたかといえば、テレビで人気のユダヤ人コメディアン、シド・シーザーのためにギャグの台本を書いて金を稼いでいた。その才能はすぐに知られるようになり、「エド・サリヴァン・ショー」などの台本も手掛けるようになる。

一九六一年には、自らスタンダップ・コメディアンとして舞台にも立ち始めた。この時期から、彼独自の神経症的なインテリというキャラクターを前面に出すようになり、ナイトクラブやテレビに頻繁に出演するまでになる。彼の人気の度合いは、一九六九年に雑誌『ライフ』の表紙を飾ったことからもうかがえる。このキャラクターは、映画『アニー・ホール』で自ら演じたアルヴィー・シンガーにそのまま使われている。

ウディ・アレンの多才さは、コメディアン、映画俳優、監督、脚本家、クラリネット奏者、劇作家などといった彼の肩書が示す通りで、そのいずれにおいてもプロフェッショナルといえる。しかし彼の本業は映画であることは間違いない。彼自身が、監督、脚本、主演の三部門でアカデミー賞にノミネートされたという実績は、何よりもそれを物語っている。とくに、脚本部門では一四回もノミネートされており、これは他のどの映画脚本家よりも多い。

一九七七年の『アニー・ホール』は、彼の数ある映画作品のなかでもひときわ評価の高い作品で、その年の四部門でアカデミー賞を受賞している。彼自身の伝記的色彩が濃いだけでなく、彼の世界観や価値観が如実に表れているだけに、興味深い一作といえる。この映画では、ニューヨーク出身のユダヤ人コメディアン、アルヴィー・シンガーと、中西部出身で典型的ワスプといえるアニー・ホールとのコミカルな恋愛を軸に物語は展開する。

アルヴィーとアニーのそれぞれの生い立ちと家庭環境が回想シーンのかたちで挿入されるが、その対比では、アルヴィーのユダヤ性が浮き彫りにされる。アニーの育った典型的なプロテスタント中流家庭の上品な食事風景、その中で「ユダヤ人嫌い」のお婆さんが招かれたアルヴィーをいぶかしげに見つめる。それに対して、騒がしくてがさつなユダヤ人家庭、口うるさい典型的な「ジューイッシュ・マザー」（ユダヤ人の母）が風変りな息子アルヴィーの行く末を心配している。

一方で、ニューヨークとロサンゼルスの二都物語という体裁もとっていて、まったく異なるアメリカの二大文化圏が相対化される。明るい太陽のもとでの健康志向の生活と、灰色の空と摩天楼の下でのせせこましい生活。車が不可欠の社会であるロサンゼルスと、タクシーと地下鉄のニューヨーク。アニーに会いにロサンゼルスに行った際、アルヴィーは慣れない車の運転で交通違反を犯し、警察官を相手にさんざん皮肉を浴びせたのち牢屋送りとなる。アルヴィーすなわちウディ・アレンの西海岸嫌いが随所で強調されている。

彼はこの映画でアカデミー賞を受賞した際、ロサンゼルスで開かれた授賞式を欠席して、ニューヨークでクラリネットを吹いていたというが、その理由の一端は彼のロサンゼルス嫌いにあったかもしれない。いずれにしろ、ウディ・アレンは、ニューヨークの文化と、その大部分を担うユダヤ系クリエーターたちの世界を何よりも愛する映画作家ということがいえるだろう。グラウチョ・マルクスとの関係は前に見たとおりであるし、クラリネット奏者としてアレンが尊敬するベニー・グッドマンもユダヤ人である。

４　メル・ブルックス

ウディ・アレンと同様、メル・ブルックスもブルックリンの典型的ユダヤ人家庭の出身である。さらに、シド・シーザーのもとでコメディーを書いていたという経験だけでなく、スタンダップ・コメディアンを経て映画作家になった点も、アレンとよく似ている。違いがあるとしたら、ブルックスはテレビ・ドラマが主たる出発点であったということである。日本でも放映されて人気を呼んだ『それ行けスマート』が、脚本家としての彼の出世作であった。ドン・アダムズが演じた頓馬な秘密諜報員を記憶している人は日本でも多いはずである。これは当時流行った「００７シリーズ」の一種のパロディであるが、この作品で彼の逆説的なユーモアのセンスは広く認知された。

ブルックスの逆説的ユーモアは、彼の映画界へのデビュー、つまり一九六八年の『プロデューサーズ』で遺憾なく発揮された。

ストーリーはこうである――ブロードウェーのうだつの上がらない初老のプロデューサーのレオ・ビアリストックと、会計士マックス・ブルームは、出資金を集めて最悪の芝居を作ればひと儲けできることに気がつく。老婦人たちをだまして一〇〇万ドルを投資させ、その金の一部を使って史上最悪の芝居を製作し、不評のため初日でそれが中止になるようにすれば、興行は失敗したのだから税務署もうるさく言わないだろうし、儲からないのだから投資者に利益配分する必要もない。そして二人は一〇〇万ドルから製作費を引いた全額を持ってリオデジャネイロに逃げるという計画である。芝居は『ヒトラーの春』というタイトルで、ヒトラーを賛美するような内容だから、それだけで芝居は不評になるはず。さらに不評を確実にするために、最悪の演出家、役者を吟味して選んだ。しかし、結果はまったく逆で、この芝居はヒトラーを徹底的に揶揄した抱腹絶倒の喜劇だとの評判が立って、大ヒットしてしまう始末。そのおかげで、彼らの目論みは全く当てが外れただけでなく、詐欺罪で刑務所行きとなる。

この映画は最初の上映当時、その皮肉が余りにも凝りすぎており、また余りにも露骨で辛辣ゆえに「悪趣味」と酷評され、大手のスポンサーがつかなかった。それを見かねて、イギリスの喜劇俳優で自身ユダヤ系（母方の家系）でもあるピーター・セラーズが、『ヴァラエティー』紙にこの映画を推奨する一文を寄せて支援したが、それでもあまり効果はなく、結局、「芸術映画」のような扱いで、独立系の配給会社を通じて大学などで小規模に上映するしかなかった。

ところが、このことが却って、いわば玄人受けする結果となり、噂が噂を呼び、全国に根強いファンを獲得することとなった。ブルックスはこの映画でアカデミー脚本賞を受賞する。映画の中で起こった逆受けが、実際にも起きたことになる。

『プロデューサーズ』は、二〇〇一年には舞台版が製作され、ミュージカル作品としてブロードウェーで大ヒットした。このミュージカルでブルックスは、最も優れた舞台作品に与えられるトニー賞を三部門で受賞している。だが、作品自体に与えられた賞はそれよりもはるかに多い一二部門で、三七年前の『ハロー・ドーリー！』が獲得した一〇部門のブロードウェー記録を破った。ブルックスはこの作品の他に、優れた放送作品に与えられるエミー賞も四回受賞しており、アカデミー賞、トニー賞、エミー賞のすべてを受賞している数少ないクリエーターの一人である。

『プロデューサーズ』以降、ユダヤ的テーマを扱った喜劇が大きく変わったと言われる。この映画には一度も「ユダヤ」という言葉が出てこないが、登場人物の名前、職業、振る舞いのなかにユダヤ性が如実に表象されている。とくに、レオの演劇プロデューサーとマックスの会計士は典型的なユダヤ人の職業で、この二人がユダヤ人であることは、ユダヤ人をよく知っているアメリカ人の観客なら説明されなくても分かる。しかも、プロデューサーのレオを演じたゼロ・モステルは、四年前の大ヒット作『屋根の上のバイオリン弾き』でテヴィエ役を演じており、彼はいわばユダヤ人のアイコンつまり象徴的人物である。このような了解が観客の側にあるが故に、ヒトラーのパロディはもちろんのこと、様々に仕掛けられている皮肉の数々までもがより痛烈なものとなる。(9)

メル・ブルックスは、スタンダップ・コメディアンのジョークのセンスと、グラウチョ・マルクスその他のユダヤ系コメディアンの確立したスラップスティックを受け継いだ上で、さらに病的なまでの露出性と自虐性あふれるユダヤ的ユーモアの新局面を開いた。このような現象は、同時代の文学の世界でも起こっており、ユダヤ系作家フィリップ・ロスの小説『ポートノイの不満』（一九六九）は、ユダヤ人青年の欲望を露悪的なまでに描き出し、アメリカ・ユダヤ人社会から顰蹙を買ったが、それが却って新しいユダヤ人像として一般に受け入れられ、ベストセラーとなった。

レニー・ブルース、ウディ・アレン、メル・ブルックス、そしてフィリップ・ロスに共通するのは、ユダヤ人が防御的な殻を破って自らを外にさらけ出すことによって、新たな現実感とユーモアの可能性を切り開きつつあったということである。そしてそれは、アメリカ社会の中で次第に認知され、一九九〇年代の『サインフェルド』（日本では『となりのサインフェルド』のタイトルでシリーズの一部がWOWOWで放送された。本書では原題どおり『サインフェルド』とする）現象のような新たなユダヤ・コメディーの流れを作り出していくことになる。これについては次章で詳述する。

最後に、ウディ・アレンとの違いをあえて挙げるなら、ブルックスの真骨頂は、その卓抜なパロディ精神、つまり一種の本歌取りにある。『ヤング・フランケンシュタイン』（一九七四）や『新サイコ』（一九七七）には、そのような彼の才能が遺憾なく発揮されている。一方、ブルックスはプロデューサーとしての仕事にも熱心で、コメディー以外の映画も手掛けている。その代表作がデイヴィッド・リンチ監督の『エレファント・マン』（一九八〇）である。

第7章 「ユダヤ」をめぐる攻防

1 『ゴールドバーグ家』

午後七時四五分から八時のあいだ、電話をかけても誰も出なくなる。ラジオで『ゴールドバーグ家』が放送されているからだ——これは、一九三〇年代のエピソードである。それほどこのラジオ・ドラマは人気があった。(1) 一方で、このドラマにまつわるエピソードの数々は、一九二〇年代から五〇年代にかけての時代状況とユダヤ人放送人との微妙な関係を物語っている。

『ゴールドバーグ家』はユダヤ人のガートルード・バーグが台本を書き、自ら主演した。最初はラジオ・ドラマとして出発し、一九五〇年代にはそのテレビ版が放送された。ラジオでの放送開始は一九二九年一一月、世界大恐慌が始まった月である。内容はニューヨークのブロンクスに住むユダヤ系移民の家族、ゴールドバーグ家の日常を描いた、いわゆるホーム・ドラマである。母親のモリー役を作者であるガートルード・バーグ自身が演じ、モリーの母親としての賢明さが家庭に起こる様々な問題を調停し解決していく。この母親を中心に、ゴールドバーグ家の人々は決して豊かではないが温かい家庭生活を営んでいる。

こう書くと、一見何でもないホーム・ドラマのように思えるが、ユダヤ人一家を描いたドラマが全米で人気を博すというのは、当時のユダヤ人のおかれた状況からして奇妙な現象と言わざるを得ない。第1章で見たように、この時期は反ユダヤ主義の風潮はむしろ高まっていた。それにもかかわらず、このドラマの登場人物たちは極めて強いイディッシュ語なまりの英語で話し、ユダヤ教にまつわる行事も頻繁に題材として取り上げられている。聴いていたのは、ユダヤ系だけではないはずであるから、その他のアメリカ人の多くはこのドラマにどのような魅力を感じたのだろうか。

人気の理由はいくつか考えられる。一つは、不況にあえぐ人々が、ゴールドバーグ家のドラマに家庭のぬくもりと母性の優しさと力強さを実感し、心の安らぎを見出していたということがある。さらに、当時の番組の反響の中には、核家族化しつつある家庭の中で自分の子供たちをどのように育てていけばよいかを母親モリーを通じて学ぶことができる、というものもあった。

もう一つの要因として、一九三〇年代は多くの新移民が大量流入した直後で、ユダヤ系以外の移民たちもゴールドバーグ家と同様に、アメリカ社会に完全に同化しきってはいなかったという事情がある。だからこそ、登場人物たちの話す外国語なまりの英語には親しみを覚えるし、一家が旧大陸におけるのと同様に民族の伝統を大事にしている様子も共感できる。そして、自分たちも彼らのように、アメリカで恥ずかしくない生活を送り、外の世界と折り合いをつけながら立派なアメリカ市民になっていかなければならない、という勇気を奮い起すことになる。このドラマの人気の背景には、このような数千万に及ぶ新移民の存在があったということを忘れるわけにはいかない。

しかし、ラジオ・ドラマが一九四九年にテレビ・ドラマ化されてまもなく、状況が大きく変化する。テレビでもこのドラマの人気は衰えなかったのだが、父親役を演じていたフィリップ・ローブが、一九五〇年の夏、赤狩りのリストに挙げられたのである。スポンサーであったジェネラル・フーズ社は、ローブを番組から外すことを主張した。バーグはそれを拒絶しようとしたが、結局圧力に抗しきれず、ローブを降ろすことになった（バーグはその後も、秘密裏にローブに給料を払い続けたという）。それだけでなく、CBSは、ドラマの放送そのものを中断した。ハリウッドと同様、ユダヤ人に対する風当たりが再び強くなり始めていたのである（第11章参照）。

一九五二年に放送を再開したときには、このドラマの一家は、ブロンクスではなく、郊外の清潔な住宅街の住民となり、ユダヤ色はすっかり薄れてしまう。彼らの話す英語からは移民のなまりは消え、ユダヤ人の宗教行事を見ることもなくなった。そして、この時期からアメリカのホーム・ドラマは、『パパは何でも知っている』に代表されるような、郊外に暮らす豊かで平穏無事なワスプの家庭生活を描くようになっていく。なお、番組を降ろされたローブは、それから数年後に自殺している。

2　ユダヤ的テーマと脱ユダヤ化

『ゴールドバーグ家』は一九五六年に放送を終了した。赤狩りが引き起こした、ユダヤ人と共産主義との関係をめぐる政治的ヒステリー状況は一段落していたとはいえ、この頃になると、放送の世界にはまだその余韻というものが漂っていた。三大ネットワークの経営者は、『ゴールドバーグ家』での失敗以来、ユダヤ的テーマを扱った番組を製作することに躊躇するようになっていたのである。

しかし、一九七〇年代に入ると、ユダヤ的テーマが奇妙なかたちで復活する。一九七二年に製作された『ブリジット・ラヴズ・バーニー』という作品である。ユダヤ系男性とアイルランド系女性とのラヴ・コメディーで、ユダヤ教徒とカトリック教徒との結婚話がストーリーの軸をなしている。製作側としては、当時急速に進んでいた異宗教間結婚ないしは異民族間結婚を扱ったタイムリーな作品ということで、ユダヤ性だけを前面に出しているわけではないのだから、かつての『ゴールドバーグ家』のような問題は起こらないと踏んでいた。実際、このドラマが提示している新しい結婚観は若い世代に支持され、視聴率も好調であった。ところが、このネガティヴなユダヤ性の扱い方が災いして、ユダヤ教関係者からの猛烈な反発を引き起こしたのである。

ユダヤ教関係者からすれば、ユダヤ人がカトリック教徒しかもアイルランド系と結婚するなどというのはもっての外であった。おそらく彼らの脳裏には、ゲットー時代のアイルランド系移民との確執だけでなく、一九五〇年代、赤狩りの立役者の一人だったジョゼフ・マッカーシー（アイルランド系）と、一九三〇年代当時ラジオで盛んに反ユダヤ主義の宣伝をしていたカトリックのコグリン神父の姿も浮かんでいたに違いない。

同化が進展するにしたがってますます顕著になる、無宗教化や異民族間結婚などの〈脱ユダヤ化〉の問題は、すでに一九六〇年代から様々なところで議論され、この状況に対する危惧の念を表明する声が、とくに保守派のユダヤ人のあいだで高まっていた。『ブリジット・ラヴズ・バーニー』はそのような脱ユダヤ化の傾向を助長する危険な番組とみなされたのである。ユダヤ教指導者の団体は、放送していたCBSに押しかけ、放送を取りやめなければ、ボイコット運動を起こすと圧力をかけた。CBS側はやむなく、このドラマが高位の視聴率を獲得していたにもかかわらず、一年で放送を中止せざるを得なかった。このドラマをめぐる顛末は、当時のユダヤ系アメリカ人社会の変容、つまり守りの姿勢から攻めの姿勢への転換を象徴しているともいえる。

だが、前に見たように、レニー・ブルースやウディ・アレンは、同じ時代に、もっと露骨なタブー破りをしていた。舞台や映画ではさほど問題にはならないが、放送だと問題化するというのは、このメディアの表現媒体としての限界を示すと同時に、その社会への影響力の大きさをも物語る。

脱ユダヤ化の問題に関して言えば、日本の視聴者にもなじみの深い『刑事コロンボ』（一九七一―一九七八）もその一つの例として考えることができる。コロンボ警部役を演じているピーター・フォークはユダヤ系であるが、ユダヤ人とはまったく縁もゆかりもないイタリア系として登場している。このドラマの場合は、危険を回避しようという放送局の意向が功を奏して、何の問題も起こっていない。このような番組製作上の脱ユダヤ化については、NBCの社長ブランドン・タリコフが、「ユダヤ人やユダヤ教を扱った連続もののテレビ番組がほとんどなくなったのは、カメラの背後に余りにも多くのユダヤ人がいるからだ」と率直に述べている(2)。

だが、一九七〇年代の末頃に、状況が一変する。一九七八年に短期間の連続ドラマとしてNBCが放送した『ホロコースト』(日本で放映された際のタイトルは『ホロコースト―戦争と家族―』。本書では原題どおり『ホロコースト』とする)の出現である。ナチス・ドイツのユダヤ人虐殺を扱ったこのシリーズは、四九パーセントの高視聴率を獲得しただけでなく、数々の部門でエミー賞にも輝いた。ユダヤ的テーマを扱うことに恐れを抱いていたテレビ界にとって、この作品は大きなターニング・ポイントになったと言われる。成功の要因は、ユダヤ人の最大の悲劇を扱ったという点でユダヤ人社会から、またナチスの暴虐を暴くという点でユダヤ人はもとより非ユダヤ人つまり一般のアメリカ人からも、同時に支持が得られたということにある。

だがそれ以上に、社会全体がマイノリティへの関心を強めていたという背景もあった。前年には、黒人一家の起源を辿ったドラマ『ルーツ』が、やはり大成功している。アレックス・ヘイリーの原作がベストセラーであったからこそそのテレビ・ドラマ化であったが、そのベストセラーが生まれた要因として、公民権運動後の様々な差別撤廃運動の広がりと、アメリカ社会のマイノリティに対する意識の変化があったと考えられる。このような風潮に後押しされるかたちで、『ホロコースト』は誕生したのである。

『ホロコースト』で自信をつけたテレビ界は、同様にホロコーストを扱った『アンネ・フランクの日記』（一九八〇）、ユダヤ系移民の歴史を扱った『エリス島』（一九八四）など、ユダヤ人の歴史をテーマにした作品を次々と放送する。しかし、それでもテレビ局側は、ユダヤ的テーマの扱いに関しては、依然として慎重な姿勢は崩さず、むしろその後の展開では、ユダヤ人キャラクターが持つ魅力そのものがテレビ局の姿勢を変えていくという流れになっていく。

3　「ユダヤ」コメディー

一九八九年から二〇〇五年のあいだのプライム・タイムに三大ネットワークやケーブルで放送されたシットコムのうち、約四〇作はユダヤ系が主役ないしはそれに近い役柄で登場していた。それ以前の四〇年間にはわずか七作しかないことを考えれば、その急激な増加ぶりがうかがえる。これらの四〇作の中には、ユダヤ系シットコム隆盛の先駆けとなった『サインフェルド』（一九八九―一九九八）、日本でも地上波で放送された『フレンズ』（一九九四―二〇〇四）や『ダーマ&グレッグ』（一九九七―二〇〇二）なども含まれる。このような現象の背景を、カリフォルニア大学ロサンゼルス校のこの分野に関する専門家ヴィンセント・ブルックは次のように分析している。

① テレビ界における新しい世代のユダヤ系スタッフの登場——彼らはユダヤ人として、前の世代にくらべれば、アメリカ社会のなかでより安全な位置にあり、テレビでユダヤ性を表現することに対する忌避感が希薄であった。

② ユダヤ人団体からの圧力の減少。

③ 高い視聴率。

④ ユダヤ系スタンダップ・コメディアンの遺産。

⑤ 業界内の競争の激化——ケーブルや衛星放送の普及にともなう独立系放送局の増加、第四のネットワーク、フォックスの参入、インターネットによる画像の配信など。

⑥ 視聴者の細分化——右記の新技術により、視聴者が文化的かつ民族的小集団（ヒスパニックや黒人やその他のマイノリティ）ごとに分割・分断され、それぞれの小集団に向けた放送が可能になった。

⑦ コスビー現象——ビル・コスビー主演の黒人シットコム『コスビー・ショー』（一九八四—一九九二）の大ヒットによる、マイノリティ文化の社会的認知と受容。

⑧ 多文化主義か同化主義かの議論——一九八〇年代以降盛んになった、マイノリティ集団は独

自の文化を保持すべきという主張と、同化してアメリカの一員として統合されるべきという主張とのあいだで交わされた様々な議論(3)。

上記のうち①と②は、時代の進展にともないユダヤ人に対する差別意識が低下したことが関係している。③については、前述の『ホロコースト』の成功を踏まえた上で、思い切って放送に踏み切ったユダヤ系シットコム『サインフェルド』が最高の視聴率を獲得したことを指している。これが後続の番組の製作を促した。

④は、『サインフェルド』の主人公サインフェルド自身が、スタンダップ・コメディアンとして登場しているという事実が関係している。この番組がヒットしたことで、もともとユダヤ人の伝統芸であったスタンダップ・コメディアンの皮肉の利いたユダヤ的ジョークそのものが、シットコムの新しいユーモアのパターンとなり、それを基調とした同様の作品が多く作られることとなった。前述のとおり、映画『アニー・ホール』でウディ・アレンが演じた役もスタンダップ・コメディアンだった。

⑤と⑥は、新技術の開発から生じた結果であるが、視聴者の人種や民族による細分化は、各マイノリティ集団の独自性の存続が是か非かという問題にも関係する。そういう意味で、⑤と⑥は、⑦と⑧にも関係している。いずれにしても、これらの問題は、マイノリティ集団に対する社会全体の関心の高まりという現象と不可分の関係にある。

5 『サインフェルド』現象──アメリカの「ユダヤ化」

『サインフェルド』は一九八九年にスタートしてから五年で、視聴率争いのトップに浮上した。その時の視聴率からすると、全米の約三分の一の家庭が、毎週木曜日の夜九時から、このシットコムを見るためにテレビのチャンネルを合わせた計算になる。その後も放送が終了するまで、つねに三位以内をキープし続け、当時あらゆるテレビ番組の中で最も高い人気を誇った。『タイム』誌はこの番組が放送された九年間を「サインフェルド時代」と呼んだ(4)。

この番組の最大の特徴の一つは、主役のジェリー・サインフェルドが、その名前とスタンダップ・コメディアンという職業から明らかにユダヤ人であり、そして主要な脇役、ジョージ、クレイマー、エレインの三人も、明示はされていないがユダヤ人と分かるように話が作られていることにある。

この特徴のために、NBCの社長タリコフ（ユダヤ系）は、この企画が持ち込まれた当初、「余りにもユダヤ的過ぎるし、ニューヨーク的過ぎる」と難色を示した。当時なら、三大ネットワークのユダヤ人経営者の誰もが同様の反応をしたに違いない。ユダヤ系の放送人にとっては、かつての『ゴールドバーグ家』の一件が一種のトラウマになっていたのだ。ただ、「ユダヤ的過ぎる」という反応と「ニューヨーク的過ぎる」という反応は、ある意味で同じである。アメリカのなかでユダヤ人が最も多く住むのがニューヨークで、この都市では多くの分野でユダヤ系が多大な影響力を持ち、「ジューヨーク（Jew York）」（Jew はユダヤ人を意味する）と呼ばれることすらあるからである。その意味で、他の地域の一般的なアメリカ国民からすれば〈アメリカ的〉ではないと受け取られる可能性がある。タリコフの言葉にはそのようなニュアンスが込められている。

ところが、『サインフェルド』が放送されるきっかけを作ったのは、意外にも非ユダヤ系幹部の反応だった。タリコフの直属の部下リック・ルドウィンは、このドラマの持つ新しい魅力を直感し、自分の担当する深夜番組のために買い取りを決めた。上司の意向を押し切ったかたちでなされた決定であったにもかかわらず、結果的には、タリコフの予想に反して最大の収益をＮＢＣにもたらすこととなった。その魅力とは何であろうか(5)。

まずは、サインフェルドのスタンダップ・コメディアンという設定であるが、これが、このシットコムへの入り口であり形式的な枠組みでもある。実際に、彼がナイトクラブの舞台に立っているシーンが番組の初めと終わりに登場する。かつて小劇場やナイトクラブで少数の観客を相手にユダヤ人が演じていたスタンダップ・コメディアンの芸は、テレビ画面にもすでに頻繁に登場するようになっており、一般の視聴者の目にもなじんでいた。スタンダップ・コメディアン＝ユダヤ人という図式を取り入れたことで、サインフェルドのユダヤ性は自明のこととなり、視聴者はユダヤ・ジョークの世界に自然に足を踏み入れることとなる。

ドラマは、サインフェルドの実生活の場面で展開し、そこに登場する三人の友人たちをめぐる様々なエピソードを軸に、コミカルなセリフや光景が繰り広げられる。

非ユダヤ系のティムと、ユダヤ系のサインフェルドとジョージの会話——

「どうした?」とサインフェルド

「どうしたか教えてあげよう」とティム、「僕はユダヤ人になったんだ」

「何て言った?」

「僕はユダヤ人なんだ。二日前に改宗したんだ」

「おー、ワオー、ええと、外国へようこそ」サインフェルドは戸惑いながら言う

ジョージがティムの持っているスポーツジムのバッグに気付いて、

「ねえ、運動してきたの?」

「そうだよ」とティム

「でも、あそこでは君のこと見なかったなあ」

「そうだと思うよ、別に大した運動はしなかったんだ。サウナ・ルームに座ってただけなんだよ。そのほうが、ユダヤ人の運動って感じがするだろう」ティムは、くすくす笑って、満足げに自分の袖をたくしあげる。一方、サインフェルドとジョージはいぶかしげな表情でたがいに目を合わせる。

次のシーンでエレインとサインフェルドがティムについて話をする――

「あのさー、あいつはユダヤ教に改宗してたった二日間しかたってないんだぜ。それなのにもうユダヤ・ジョークを言ってやがんだよ」とサインフェルド

「それがどうしたっていうの」エレインが答える、「成人したばっかりの人間は、たいてい最初の夜にはベロンベロンに酔っぱらうものなのよ」

「酒は宗教じゃないだろ」とサインフェルド

「私のお父さんにそれ言ってよ」とエレイン（エレインの父は大酒のみ）

別のシーンで、サインフェルドがティムのことをとやかく言うので、エレインが言う、「どうしてあなたはそんなにこだわるの？」

「どうしてかって？ どうもあいつは、ユダヤ・ジョークが言いたくてユダヤ教に改宗したとしか思えないんだよ」とサインフェルド[6]

これらの会話には、いくつかの仕掛けがある。「外国へようこそ」というサインフェルドの言葉には、ユダヤ人になることはアメリカから出るということであり、自分たちユダヤ人はアメリカの外である、という自虐的な皮肉が込められている。また、「ユダヤ人らしい運動」は、ユダヤ人は運動が苦手だ

と一般に思われていることを逆手にとってジョークにしている。後半部分の、宗教と酒の関連付け、ユダヤ教への改宗の理由がユダヤ・ジョークを言いたいためという話などは、それ自体がユダヤ教への揶揄となっている。

このようなユダヤ的自虐性や権威の格下げは随所に登場し、このコメディーの基調をなす。また、ジョージとクレイマーは何をやっても失敗の連続なのだが、ユダヤ人独特の〈シュレミール〉の伝統を引いたものである。このように『サインフェルド』には、ユダヤ的要素が濃厚に盛り込まれている。しかし、それが却って、若い世代のユダヤ人たちだけでなく、一般のアメリカ人の洗練された現代感覚に適合するのだと思われる。このような現象を「アメリカのユダヤ化」と呼び、ユダヤ人の感性や物の見方がアメリカ社会全体に浸透した結果だとする意見もある。彼らは知らず知らずのうちに、この皮肉の利いた毒気たっぷりのユダヤ・ジョークの世界に夢中になるのである。

同じくニューヨークを舞台にした『フレンズ』は、この『サインフェルド』の焼き直しである。仲間六人の繰り広げるコメディーであるが、六人のうち少なくとも三人はユダヤ人である。だが、それは明示されてはいない。その分、『サインフェルド』にくらべると、ユダヤ的毒気は薄まっている。

『ダーマ&グレッグ』では舞台をサンフランシスコに移している。ダーマの両親の姓は、フィンケルスタインで正真正銘のユダヤ人の名前である。だが、ダーマは母にユダヤ人として育てられたことはなく、学校にさえ通わずに家で教育された。父は、元ヒッピーで、若いうちにユダヤ教もユダヤ人社会も捨てて、サンフランシスコに移ってきた。このような設定はユダヤ色濃厚のニューヨーク＝ユダヤ系コメディーとは違った味を出しているが、ユーモアの基本はユダヤ・ジョークである。

第8章　アニメーション

1　アニメの草創期とユダヤ人

アメリカのアニメーションといえば誰もがワスプ系のウォルト・ディズニーの名前を思い浮かべるだろう。しかし、実はアニメの世界でもその草創期から現在まで多くのユダヤ人が関係してきた。ワーナー・ブラザーズの『ルーニー・テューンズ』と呼ばれる短編アニメシリーズ、つまりバッグス・バニーやシルベスター・キャットの登場するシリーズはプロデューサー、レオン・シュレジンガーをはじめとする多くのユダヤ系のスタッフが生み出したものである。また、ミッキーマウスの人気を凌ぐほどにまでになったポパイ、愛くるしい表情と声で一世を風靡したベティ・ブープなどのスターを世に出したフライシャー兄弟もユダヤ系である。

こうして見ると、アメリカのアニメーションの世界には、大別するなら、一方に「ディズニー」ブランドのもとにミッキーマウスなどの人気キャラクター群が存在し、もう一方に右記のようなワーナー・ブラザーズ製の、無鉄砲でいたずら好きの、どちらかといえばアンチ・ヒーロー的なキャラクター群が存在しているように見える。言い換えれば、アニメーションにおけるワスプ系とユダヤ系という二つの伝統があり、われわれ日本人は、それぞれの流れのもとにあるアニメを、自然のうちに違う角度から楽しんできたのだと思われる。ここでは、その辺の事情を見ていくこととする。

アニメーションの誕生は、映画の誕生とほぼ同時期である。つまり静止しているものを動画として見せることに関しては、それが写真であろうが、絵であろうが原理的には同じだからだ。したがって、その発生の技術的な面ではやはりエジソンが関わっていた。その経緯は次のようになる。

イギリス生まれの漫画家、ジェイムズ・スチュアート・ブラックトンがエジソンの研究所を訪ねたとき、漫画を動くように見せる方法に話が及んだ。彼らはいろいろと話し合った結果、ジョージ・イーストマンが開発したロール式のセルロイドフイルムに漫画を写して、それを回転させれば絵が動くように見えるはずだというアイデアに到達した。

ブラックトンは、エドワード・マイブリッジ（イギリス生まれのアメリカの写真家。疾走する馬の連続撮影を成功させた）に相談したのち、早速そのアイデアを実行に移して、簡単な動く漫画の作品を完成させた。それが『魔法の絵』という短編映画で、アメリカにおける最初のアニメーション作品である。とはいうものの、全面的なアニメ作品ではなく、実写映像の中で、イーゼルに貼り付けた画用紙にブラックトンが男の顔を描き、その顔が笑ったり葉巻を吹かしたりするような簡単なものだった。だが、映像の中で漫画が動くということ自体が画期的な出来事であった。一九〇〇年のことである。(1)これをきっかけに、動く漫画作りが本格化する。

新聞王ウィリアム・ハーストやジョゼフ・ピューリッツァーなどの新聞社の経営者たちは、この新技術に目を付けた。二〇世紀初めはまだ、新聞は最大のマスメディアであり、そのなかに入っている新聞漫画はアメリカに渡って来てまもない移民たちにとっては最大の娯楽であった。新聞の「コミック・ストリップ」と呼ばれるコマ割り漫画は、英語が不自由な彼らにとっても十分に楽しめるし、その内容も移民の生活を反映したもので、子供のための漫画というよりは、移民の大人たちの娯楽であったのである。それをアニメーションにして、当時の移民たちが通っていたヴォードヴィル劇場で上映すれば、多くの観客が見ることになり、新聞漫画のコマーシャルにもなる。そして新聞漫画とアニメーションの相乗効果によって、新聞の発行部数を増やすことができると踏んだのである。(2)

しかし、ヴォードヴィル・ショーに取り入れられたアニメーションは、それ自体が単独で人気の的となり、劇場用のアニメーションの製作が需要に追いつかなくなるほどであった。そのため、もともと新聞に描いていた漫画家たちだけでなく、新聞に描くチャンスに恵まれない漫画家たち（当時、新聞に漫画を連載するというのは、映画スターになるのと同じくらい僥倖に恵まれる必要があった）まで、この動く漫画作りに駆り出されることとなった。最初のうちは、短いアニメーション作品を作るのにも多大な労力と時間を要したが、流れ作業と分業化を導入すると、一気にアニメーション製作は合理化した。その結果、最初に生まれたヒット・シリーズが、『フィーリックス・ザ・キャット』と『アウト・オブ・ジ・インクウェル』である。製作されたのは、いずれも一九一九年のことである[(3)]。『フィーリックス・ザ・キャット』は、日本でも一九六〇年代にNHKで放送されていたので、知る人も多いはずである。作者はオットー・メスマーで、プロデュースしたのはパット・サリヴァンであった。しかし、サリヴァンが手柄のすべてを独り占めしたため、サリヴァンの作と勘違いされることが多い。いずれにしろこの二人はユダヤ系ではなかった。

一方、『アウト・オブ・ジ・インクウェル』は、インク瓶に浸したペンの先から生まれたピエロが、突然動き始めていろいろないたずらをしたかと思うと、再びインクの中に飛び込んで戻るというような趣向が人気を呼んだ。こちらはマックス・フライシャーとデイヴ・フライシャーというユダヤ人兄弟の作であった。

『フィーリックス・ザ・キャット』と『アウト・オブ・ジ・インクウェル』はともに人気作品となり、サリヴァンとフライシャー兄弟はそれぞれにアニメーション・スタジオを経営するまでになる。しかし、もともと巨大新聞社の経営戦略の一環として生まれたアニメーションであるだけに、新聞社に頼らずに、製作者自身が作品の流通や資金調達を担うことは難しかった。そこに着目したのが当時急速に台頭してきていたユダヤ系映画会社である。なかでもワーナー・ブラザーズの女性営業担当マーガレット・ウィンクラー（ユダヤ系）は、サリヴァンとフライシャー兄弟だけでなく、ウォルト・ディズニーとも契約を結び、資金援助をするとともに、それらの作品の配給を引き受けた。とくに『フィーリックス・ザ・キャット』と『アウト・オブ・ジ・インクウェル』は、一九二〇年代最初のアニメーション・シリーズとして次々と作品が生み出され、大成功をおさめた。

ところで、ウィンクラーはユニバーサルのプロデューサー、チャールズ・ミンツ（ユダヤ系）と結婚した。ミンツは、一九二八年にディズニーがミッキーマウスを作るよう促した人物である。というよりも、ディズニーとミンツの関係の悪化がそのような結果を生んだとする方が正しい。

ミンツはウィンクラーの事業を引き継いだためディズニーの初期のシリーズ『幸せウサギのオズワルド』の権利を保有していたが、手放そうとしなかった。それだけでなく、ディズニーの製作スタッフも保有して、ユニバーサルでこの作品を作り続けると主張した。孤立したディズニーは、再起するために、新たなキャラクターを創造する必要に迫られた。その結果生まれたのが、ミッキーマウスということである。こののちディズニーは独立したスタジオを運営し、現在のウォルト・ディズニー・カンパニーにまで発展していく(4)。

いずれにしても、様々なかたちで、アニメーションの製作と流通の両面に、最初からユダヤ系が関与していたのは事実である。その背後には、ハリウッドのユダヤ系モーグルたちの資本力と配給ネットワークの存在があったことも忘れるわけにはいかない。

2　フライシャー兄弟とユダヤ娘ベティ・ブープ

マックス・フライシャーとデイヴ・フライシャーの兄弟が創り出した『アウト・オブ・ジ・インクウェル』の成功は、マックスが発明した新技術「ロトスコープ」によるところが大きい。その技術のおかげで、同一の映像の中で実写の人間とアニメのキャラクターが戯れるという不思議な世界が現出した。だが、それ以上に注目すべきは、アニメのキャラクターの動きが極めて自然で自在であったことである。それを可能にしたのが実写撮影した人間の動きを一コマずつセルにトレースするという手法で、それを行うための装置を開発したのは弟のデイヴであり、ピエロの格好をして実際に演じたのは、もう一人の弟ルーであった。

この技術は、フライシャー兄弟の後の作品『ベティ・ブープ』やアニメ版『スーパーマン』だけでなく、ディズニーの作品にも応用され、さらには、後の『スターウォーズ』に応用されるなどコンピュータを用いた映像技術の原理的な面にまで影響を及ぼしている。その意味で、ロトスコープは、彼らが映画界に残した最大の功績と言ってもよい。しかしここでは、フライシャー・スタジオから生まれた様々な作品の文化的側面を見てみよう。

フライシャー兄弟は、『アウト・オブ・ジ・インクウェル』で成功した後、一九二一年にインクウェル・スタジオを設立、一九二九年にはそれを「フライシャー・スタジオ」と改名して、次々とアニメーション・シリーズを発表する。そのなかで最も成功したシリーズが、一九三〇年代の『ベティ・ブープ・カートゥーン』シリーズである。最初は他のシリーズの中のキャラクターの一つとして登場したベティであるが、彼女を主役にしたこのシリーズで一躍スター・キャラクターとなった。日本でも一九三〇年代に輸入され、そのときすでに「ベティさん」の名で愛されていた。一九五九年からは、日本テレビ系列で過去の作品が放送され、その頃を知る人も多い。また、味の素マヨネーズのイメージ・キャラクターに採用されたこともある。

ベティ・ブープは、短いスカートの下からガーターをのぞかせ、胸はまん丸の、セクシーで生意気な女性、つまり当時のフラッパーを模したキャラクターとして登場する。その愛くるしい声と天真爛漫な性格も相俟って、ベティは一種のセックス・シンボルとして人気を博した。

しかし、彼女は正真正銘のユダヤ系キャラクターなのである。「ベティの家出」という作品に、ベティがイディッシュ語を話す父親に叱られて家出をするシーンが登場する。これは、彼女が東欧系ユダヤ移民社会の出身であることを如実に物語っている。この出自の開示が、だいぶ時間を経たのち、ユダヤ人社会とくにフェミニストのあいだで、波紋を生じた。ユダヤ人女性がセックス・シンボルなどというのは、けしからんというわけである。(5)

また、「ハ、ハ、ハ」(一九三四年公開。原題は *Ha! Ha! Ha!*)という作品では、ベティが歯医者に扮し、虫歯で痛がるココ(『アウト・オブ・ジ・インクウェル』に登場したピエロ)を治療するのだが、ココが余りにも痛がるため麻酔ガス（笑気）を使う。ガスが漏れ出し、ココとベティだけでなく町中の人や物が笑い出すというストーリー。ベティが麻薬を使ったということで、この作品は上映禁止となった。このように、ベティ・ブープは、ディズニーのキャラクターと違って、明らかに大人向けであり、また様々な意味で挑発的である。

ベティは、アニメの世界では、一九三〇年代唯一の女性主人公でもあった。そのため、そのセックス・シンボルとしての地位は、アニメーションのキャラクターとしては他の追随を許さなかった。そのセクシーさが、当時制定されたばかりの製作倫理規程（ヘイズ・コード）に引っかかり、当局の指導により両肩の露出を抑え、スカートの丈を長くせざるを得なかった。もちろんトレードマークのガーターは見られなくなった。それ以降、以前ほどの人気はなくなっていく。

作者のフライシャー兄弟自身がユダヤ系であるということもあって、ベティ・ブープのアニメには、先に述べた出自以外にもユダヤ系移民二世に特徴的な要素がいくつも見出される――タブー破り、虚無的な倫理観（天真爛漫の裏返し）、成功の夢、都市的風景、現実的生活感覚、田舎嫌い、など。このような要素と、ミッキーマウスのお利口さん的キャラクター、中西部的田園生活、非現実性、他者への愛、協調性、などをくらべると実に対照的である。ベティ・ブープは、明らかにヴォードヴィル・ショーのスラップスティックやスタンダップ・コメディアンのユダヤ・ジョークの系譜のなかにある。

このことに関して、アニメーションの歴史を書いたレナード・マルティンは、次のように述べている。

その雰囲気は骨の髄までニューヨーク・テイストであり、（ディズニーのような）中西部の田舎育ちの男たちを中心に西海岸で製作されたカートゥーンに頻出する、光であふれる農家の裏庭の舞台やキャラクターとは対照的であった。フライシャー・スタジオのスタッフは、生まれだけでなく、住まいも仕事場もニューヨークだった。ニューヨークの灰色の谷間、薄汚れたキャラクター、そしてユニークな感受性は彼らの作品に浸透していた。(6)

フライシャー兄弟のアニメーションの際立った特徴のもう一つは、ディズニーなど他のアニメーションの主要キャラクターが擬人化された動物であるのに比して、キャラクターのほとんどが人間であるということと、それぞれのキャラクターが人間臭いということである。ベティの声の吹き替えをしていたのは、ユダヤ人女優のメイ・クェストルであったが、彼女はベティ・ブープという独特の人格を声によって創り出していた。ベティのキャッチ・フレーズ「ブー・プーパ・ドゥ」というセクシーな声は、その性格付けの一つであり、それは生身のセックス・シンボル、マリリン・モンローにも引き継がれた。またクェストルは、ポパイのガール・フレンド、オリーブの声も演じている。

3　『ポパイ』と『スーパーマン』

ポパイは、一九二九年に新聞『ニューヨーク・ジャーナル』の漫画「シンブル・シアター」の一キャラクターとして初登場した。作者はエルジー・C・シーガーだったが、彼は一九三八年に死亡し、その後は様々な漫画家が引き続き描いた。劇場用にアニメーション化されるのは、一九三二年にフライシャー・スタジオが「シンブル・シアター」の権利を獲得した後のことで、ポパイもそのなかに含まれていた。

一九三三年に、「水夫のポパイ」（パラマウント）というタイトルで最初の短編作品が公開される。ポパイの映画デビューである。この作品にはフライシャー・スタジオのスター、ベティ・ブープも脇役として登場している。ベティは、上半身にまとっているのはレイのみという姿で、フラダンスを踊っている。ベティに気を取られている間に、ブルートにオリーブが連れ去られる。オリーブは、あの甲高い声で助けを呼ぶと、ほうれん草を食べて無敵となったポパイが彼女を救うというおなじみのパターンはこのとき作られ、以後繰り返されることとなる。そして同時に、「アイム・ポパイ・ザ・セーラーマン」のあの有名なテーマ・ソングも生まれていた(7)。作曲したのは、ルーマニア生まれのユダヤ人作曲家サミー・ラーナーである。彼はそれ以前には「ベティ・ブープ」に使われた歌のいくつかを手掛けており、またブロードウェーでは「ジーグフェルド・フォリーズ」にも曲を提供している。

先に述べたように、ベティ・ブープが一九三四年に実施に移されたヘイズ・コードの影響で人気が落ちてくると、それと入れ替わるようにして、ポパイがフライシャー・スタジオのドル箱スターの座に就いた。一九三五年には、ポパイの人気はミッキーマウスのそれを上回るまでになる。フライシャー・スタジオは合計一〇八本のポパイ作品を製作し、そのうち三本はカラーだった。アメリカが第二次大戦に参戦した一九四一年には、アメリカ海軍の正式な水兵のユニフォーム（白いセーラー服）を着たポパイが、日本軍やドイツ軍と戦う作品が作られ、このときの白いセーラー服がその後一九六〇年代までポパイの定番の衣装となった。

一方、『スーパーマン』は、ユダヤ系移民二世でオハイオ州クリーヴランドの同じ高校に通っていた二人、ジェリー・シーゲルとジョー・シャスターによって創り出された。最初に世間に登場したのは一九三八年六月、漫画雑誌『アクション・コミックス』創刊号においてだった。漫画史上初めて新聞から独立したかたちとして出発したこの雑誌は、その後半世紀ものあいだ継続することになる。翌年には、「スーパーマン」のタイトルを冠した漫画として独立し、シンジケート（漫画や写真などを新聞各社に配信する組織）を通じて全米数百の新聞紙上に掲載された。その後、一九六六年に連載が終了するまでその人気は衰えなかった。ピーク時には全米に約二千万の読者がいたと言われる。

「弾よりも速く、力は機関車よりも強く、高いビルディングもひとっ跳び」のフレーズは、『スーパーマン』がラジオ・ドラマ化されたときに生まれた。一九四〇年代になると、フライシャー兄弟によって劇場用にアニメーション化され、一九五〇年代にはテレビ・シリーズとしても登場する。アニメーション化に際しては、スーパーマンがジャンプする動きを動画にするのが困難ということで、フライシャー兄弟側の要請によって、スーパーマンは「空を飛ぶ」ことになった。そこで生まれたキャッチ・フレーズが、「空を見ろ！」「鳥だ！」「飛行機だ！」「いや、スーパーマンだ！」である。以来、映画やテレビで何度もリメイクされ、スーパーマンは文字通りのスーパーヒーローであり続けている。

このスーパーヒーローに関しては、様々な研究者や評論家が分析を試みている。そのなかでも興味深いのは、作者二人のユダヤ性と当時の反ユダヤ主義との関係からの分析である。具体的な因果関係は、次のようになる。

ドイツでナチスの突撃隊がユダヤ人の商店や住宅を襲った水晶の夜事件が、一九三八年一一月九日に起こる。それはスーパーマンが世に登場するわずか半年前のことだった。これを機にナチスの組織的かつ本格的なユダヤ人迫害が開始されることになる。さらには、アメリカ国内においてもファシズムの波は起こり始め、カトリックのコグリン神父は、ラジオで反ユダヤ主義的な演説を公然と繰り返していた。自らがユダヤ人であったシーゲルとシャスターの二人は、このような情勢を深い恐怖感を抱きながら見守っていたに違いない。したがって、文字通り超人的力によって社会の諸悪を滅ぼすスーパーマンの、いわば救世主としての性格付けは、このような時代背景とユダヤ人の情況との関係から生まれた、というのである。(8)

しかし、スーパーマンはアメリカ人一般に受け入れられたのであるから、その理由を考える際には、右の事情だけでなく一九三〇年代の大恐慌という状況を無視するわけにはいかない。苦境にあえいでいたのはユダヤ人だけではなかったのである。失業と貧困で苦しむすべてのアメリカ人が、自分たちに代わって社会悪と戦う救世主として、このスーパーヒーローを歓迎したというのが妥当な見方であろう。また当時は、フランクリン・ローズベルト大統領のニューディール政策に見られるように、左よりの価値観が社会全体に浸透していた。それだけに、悪徳政治家や暴利を貪る実業家を敵に回して奮闘するスーパーマンの姿は、一種の社会正義の権化としてアメリカ人大衆に歓迎されたのである。

スーパーマンのもう一つの顔クラーク・ケントは、『デイリー・プラネット』紙の記者である。この職業自体がいかにもユダヤ人らしい設定であり、また、ワスプの女性ロイス・レーンを密かに愛していながら、なかなか告白できない姿も、ユダヤ人インテリ青年に見られる典型的なアメリカン・ドリームの形態であるとする見方もある(9)。

4 『ルーニー・テューンズ』――バッグス・バニー、シルベスター・キャットなど

バッグス・バニー、シルベスター・キャット、ダフィー・ダック、ポーキー・ピッグなどのキャラクターで、日本でもディズニー・キャラクターと人気を二分する『ルーニー・テューンズ』のアニメーションは、ディズニーのアニメーション・シリーズとほぼ同時期に製作されたものである。その最

大の立役者は、ユダヤ人アニメ・プロデューサー、レオン・シュレジンガーであった。

実はシュレジンガーは、映画『ジャズ・シンガー』が製作される際に、ワーナー・ブラザーズの資金集めを手伝っていた。その見返りに、シュレジンガーはワーナー・ブラザーズのアニメーション映画を独占的にプロデュースする権利を与えられている。シュレジンガーはそのアニメーション映画のシリーズに、『ルーニー・テューンズ』と『メリー・メロディーズ』というブランド名をつけて、バッグズ・バニーその他の人気キャラクターたちを次々と世に送り出していく。

シュレジンガーは、ワーナー・ブラザーズの漫画製作スタジオのトップとして、経営の合理化を断行した。その最たるものが、製作部門と財政部門を完全に分離し、製作には一切口出ししない代わりに、製作スタッフが経営に口出しすることを許さなかったことである。彼の徹底した合理化は、ときに「しみったれ」呼ばわりされることもあったが、製作の自由を保障していたため、スタッフからは愛されていたという。その証拠に、製作スタッフはダフィー・ダックの声を作る際に、シュレジンガーのイディッシュ語なまりと舌のもつれを内緒でそっくりそのまま取り入れた。その声を聞かされたシュレジンガーは、「すごいぞ、そのアヒルの声は本当に面白いな」と言ったという。(10)

製作スタッフにも多くのユダヤ系がいた。そのなかでも、フリズ・フリーレングは、人気キャラクターのほとんどを手掛けた。最初はディズニーのもとで働いていたが、先述のミッキーマウス誕生のきっかけを作った騒動でチャールズ・ミンツのスタジオに移り、さらにその後、ミンツが方針転換した際、彼は自分の部下を引き連れてシュレジンガーのスタジオに移籍した。

彼はシュレジンガーのもとで、製作部門の指導的地位にあり、辣腕をふるいながら次々と新しいスターを生み出していった。フリーレングの創造したキャラクターは、バッグス・バニー、シルベスター・キャット、ダフィー・ダック、ポーキー・ピッグ、トゥイーティ・バード、ヨセミテ・サム、スピーディ・ゴンザレスなどであり、彼の監督した作品は二六六作にも及ぶ。また、アカデミー賞も四回受賞しており、ワーナー・ブラザーズのアニメ監督としては最多である。

『ルーニー・テューンズ』作品の特徴は、ディズニーのそれと比較するとはっきりするが、展開の速さ、ジョークの辛辣さ、性懲りのない間抜けさ、暴力（キャラクターが動物なので緩和されてはいるが）、パロディなどにある。これらの要素は、ヴォードヴィル・ショーのスラップスティックの特徴でもあり、『ルーニー・テューンズ』がマルクス兄弟、三ばか大将、メル・ブルックスなどと同じユダヤ系移民社会の環境から生まれ出たものであることを示している。ディズニー作品が、創始者の故郷である中西部農村地帯ののどかさを映し出しているとするなら、『ルーニー・テューンズ』は、大都市に住まう多種多様な人間たちの欲望と競争の反映ということができるだろう。これらの作品に登場するのは、擬人化された動物たちであるが、その性格付けは、前述のベティ・ブープの場合と同様、やはりニューヨーク・テイストである。

また、『ルーニー・テューンズ』の様々なキャラクターの声を演じていたのは、声優メル・ブランクで、彼もユダヤ人であった。ブランクは、バッグス・バニーやダフィー・ダックなど数多くのスターたちの声を一人で担当しており、様々な声色、イントネーション、擬音などを駆使して「千の声を持つ男」と称された。声優という新しい分野で彼は草分け的存在であり、ラジオやコマーシャルでも活躍し、その影響は遠く後世にまで及ぶ。彼にしても、その才能の質的な部分で、ユダヤ系コメディアンの系譜の中に含まれると言えるだろう。現在、メル・ブランクの名は、大スターたちにまじってハリウッド大通りの歩道に刻まれている。

ここまで、ワスプ系のディズニーとユダヤ系のワーナー・ブラザーズを対照させながら見てきたが、実際にはディズニーの中にも多くのユダヤ人クリエーターがいたし、ワーナーの中にもワスプ系のクリエーターたちがいた。例えば、ディズニーのキャラクター、グーフィを作ったのはユダヤ系のアート・バビットで、『白雪姫』や『ピノキオ』なども手掛けている。また逆に、バッグス・バニーの創造には、ユダヤ系のフリーレング以外に三人のワスプ系のクリエーターが関わっていた。あまり知られていないが、ウォルト・ディズニーはホロコーストで親を失ったユダヤ人孤児たちを支援するための寄付を行っている。彼は、よく言われるような反ユダヤ主義者ではない(11)。

第9章　生活の中のユダヤ文化

1　デリカテッセン

ニューヨークでは、「デリ」（Deli）と書かれた看板をよく目にする。これは「デリカテッセン」（delicatessen）の略で、オーダーメイドのサンドイッチをはじめ様々な種類のハム、ソーセージ、サラダ、缶詰、スナック類などを売る一種のファストフード店である。この種の食料品店の多くはユダヤ系移民が始めたものである。

その起源は、一九世紀末から一九二〇年代にかけてロシア・東欧からユダヤ人が大量にアメリカへ流入してきた時期にまで遡る。彼らのほとんどが敬虔なユダヤ教徒であったため、「コーシャ」（kosher）と呼ばれるユダヤ教の戒律に則った食事習慣を大切に保持していた。しかし、他のアメリカ人が利用する食料品店ではそのような食品を入手するのが難しかったので、ユダヤ系移民たちは日々の食事のための食材を、ゲットーの街路を手押し車で売り歩くユダヤ人の行商人に頼るしかなかった。

そのおかげで多種多様な食料品の行商は繁盛し、資金を蓄えた行商人たちは、やがて惣菜屋を兼ねた食料品店を経営するようになる。パストラミ、ロックス（スモークサーモンに似た鮭の切り身）、ゲフィルテ・フィッシュ（つみれに似た魚料理）などがその代表的な料理で、ユダヤ人のために、このようなコーシャ料理や食材を提供する店として出発した。

現在では、伝統的なユダヤ料理専門のデリが存続する一方、ドイツ系やイタリア系の料理を中心とした「ヨーロピアン・デリ」と呼ばれるものもある。この一〇年ほどで、韓国系移民の経営する店も急速に増えてきた。また店の規模も、サンドイッチ専門の小規模の店からレストラン形式の高級店まであり、ますます多様化が進んでいる。いまや「デリ」は、多様な民族的起源を有するすべてのニューヨーカーたちにとって、欠かすことのできない存在となり、ニューヨーク文化を象徴する一つとなった。

デリという食料品店の形式がニューヨークで成功した背景を考えると、次のような事情があったと思われる。元来、ユダヤ人たちは旧大陸にいた時代から、他民族の土地で行きぬくためには、彼らが接触する様々な食文化を自分たちの食生活の中に取り入れる必要があった。そして、アメリカに渡ってきても、自分たちの伝統的食材だけでなく、既存の食文化やヨーロッパの他の民族に起源を持つ食材も取り込んで、彼ら独自の調理方法による新しい食文化を創造した。それが、世界で最も忙しく、最も多様な都市ニューヨークにふさわしい、デリというファストフード文化である。

迅速に調理・販売できて、滋養分が高く、しかも多様な民族の好みに合うような食品、それがデリの繁栄につながったといえる。現在でも、ニューヨーク・スタイルのデリでは、サンドイッチを提供する際に、客の好みに合わせて、パンの種類、挟む中身すなわちハム・ソーセージ類、チーズ、野菜、調味料などの種類をいちいち客に選ばせるが、それは以上のような経緯から生まれた伝統である。

だがその一方で、三世、四世と世代が進むにしたがって、ユダヤ人たちは大都市のゲットーを離れて郊外の新興住宅地域に移り住み、ユダヤ的伝統が次第に薄れていくようになる。それにともない食文化も他のアメリカ人と変わらなくなってしまった。しかし、一九九〇年代頃から、一種の先祖がえりのような現象がおこり、成功した若い世代のユダヤ系が都市へ回帰するようになる。それとともに、ユダヤ人の伝統的な食文化が見直されることになったのである。

ユダヤ系アメリカ人の伝統的な食文化への回帰を端的に示す例がベーグルで、ユダヤ人特有のこのパンは、一九二〇年代にゲットーのユダヤ人行商によって盛んに売られていたが、一時期廃たれてしまった。しかし、ユダヤ人ベーカリーによって機械生産されるようになったのがきっかけで復活した。

これら以外にも、人気テレビ・ドラマ『サインフェルド』にしばしば登場するユダヤ菓子としてよく知られるブラック・アンド・ホワイト・クッキー、ニューヨーク・スタイルのチーズケーキ、チョコレート味のクリームソーダの一種であるエッグ・クリーム、マッシュポテトに肉や野菜などを混ぜて揚げたり焼いたりして出されるクニッシュなども、ユダヤ系移民に起源を持つ代表的なアメリカン・フードである。

2 ベーグル

ベーグルは今や世界中で食べられるようになった「ユダヤ・パン」であるが、その起源は一六世紀のポーランドの都市クラクフにまで遡る。クラクフでは、もともとベーグルに似たパンが、ポーランド人のあいだで主食として普及していた。ユダヤ人はそれと同様のパンを彼ら独自の製法で作るようになり、それがやがてポーランド中で食べられるようになった。そして一九世紀末のユダヤ系移民とともに、ベーグルはアメリカ、カナダ、イギリスなどに広がったのである。他民族の中で長年暮らしてきたユダヤ人たちは、前にも述べたように自分たちの周りの民族が食べていた食品を自分たちの食文化に吸収してきた。このベーグルもその一つと言える。

ベーグルは、オーブンで焼く前に、練った粉を一旦お湯で茹でる。このことで、焼き上がりの時間が短縮され、外側は滑らかでしっかりとした食感になり、中身は詰まった感じに仕上がる。また、水分が少ないため、冷やしておけば日持ちする。ベーグルがユダヤ人のあいだで広がったのは、このような特徴があるからであった。

ユダヤ教徒は、「サバス」と呼ばれる安息日を大事にする。ユダヤ教の教えでは、安息日すなわち毎週金曜の日没から土曜の夜までの期間、労働をしてはならず、料理さえも禁じられている。安息日明けつまり土曜の夜には、彼らは一斉に食事をとる。その際供されるのがベーグルである。他のパンではなくベーグルなのは、自分で焼く場合でも、ベーグルは焼き上がりが速く、安息日の終了直後に食することが可能だからだ。

ベーグルをユダヤ系移民の食品として、ユダヤ・ゲットーのなかで行商人たちが売り歩いていたのは確かであるが、一般のアメリカ人が食することは稀であった。ベーグルがニューヨークを中心にアメリカ中に広がるのは、ユダヤ人ベーグル職人、ハリー・レンダーとフローレンス・レンダーの兄弟が一九七〇年代に製造のオートメーション化を行い、冷凍ベーグルを広く流通させることに成功してから後のことである。

これを促したのは、ユダヤ系アメリカ人のユダヤ回帰であったが、一九九〇年代には、健康食品ブームにも後押しされ急速に普及した。というのも、ベーグルは他のパンに比べると脂肪分とコレステロールが少なく、また鮭の切り身ロックスとともに食されるのが定番であり、ロー・カロリー食品のイメージが強いからである。この現象をアメリカの「ベーグル化」(bagelize) と呼ぶことさえある。(1)現在では、アメリカだけでなく、日本も含め世界中で食される食品となった。

3　ホットドッグ

ホットドッグは今ではハンバーガーと並んでアメリカの国民的食品となっているが、これにもユダヤ人が大きく関わっている。ホットドッグの誕生には諸説ある。その一つは、一九〇四年にセントルイスで開催された万国博の会場で、あるドイツ人が焼きたてのソーセージを販売していた。ソーセージは熱い上に油が垂れる。そこで、客が火傷をしないように、また手を汚さないように、手袋を貸して食べさせていたが、客がお土産に手袋を持って帰ってしまうので、パンにはさんでソーセージを売り始めた、という説。もう一つは、別のドイツ系移民のフェルトマンという男が、遊園地で有名なニューヨーク近郊のコニー・アイランドで、茹でたソーセージをパンにはさんで売り始めたのが最初であるという説。

いずれにしても、ホットドッグを生み出したのは、材料であるフランクフルト・ソーセージとの関わりから、ドイツ人であったことは確かである。しかし、この食品の普及と定着には、あるユダヤ人が関わっていた。その名をネイサン・ハンドワーカーといい、ポーランドから来たユダヤ系移民だった。一九一二年に無一文でニューヨークに渡ってきた彼は、コニー・アイランドのフェルトマンのソーセージ料理店で働き始め、給料を少しずつ貯めて作った資金を元手に、ホットドッグのスタンド店を持つことになった。一九一六年のことである。(2)

彼の作るホットドッグのレシピは妻のアイダが考案した。ユダヤ人が作るのであるから、ソーセージの肉はビーフである（ユダヤ教徒は豚肉を食べない）。他方、フェルトマンの店では豚肉が主な原料であった。また、フェルトマンの店で一〇セントしたのを、ネイサンは半額の五セントで販売した。

コニー・アイランドの遊園地は、ウディ・アレンの映画『アニー・ホール』にも登場するように、ユダヤ系移民たちが多く訪れる場所であった。ネイサンの売るホットドッグは、安い上にビーフを使っているので、ユダヤ人たちに人気を博すのは当然であった。しかし、赤い色をしたソーセージは他のアメリカ人には何が入っているか、いぶかしがられる可能性もあった。そこで、ネイサンは一計を案じて、近所の学生数人に医者のような白衣を着せて店の前でホットドッグを食べさせ、このように宣伝した、「お医者さんが食べているのだから、私たちのホットドッグは大丈夫ですよ」[3]と。

安くて、手軽に食べられ、しかもおいしくて安心ということで、コニー・アイランドの遊園地客のあいだでたちまち大人気となり、ネイサン・ハンドワーカーの店は大繁盛した。この小さなホットドッグ・スタンドが、今日アメリカ最大でもっとも人気のあるホットドッグ・チェーン「ネイサンズ・フェイマス」にまで発展することになる。

ネイサンのホットドッグは、その草創期から現在まで多くのアメリカの有名人にも愛されてきた。その中にはフランクリン・ローズベルト大統領も含まれ、彼はヤルタ会談の際にチャーチルやスターリンにこのホットドッグを振る舞ったという。ニューヨーク州知事だったネルソン・ロックフェラーは、「ネイサンズ・フェイマスでホットドッグを食べている写真を撮られなければ、選挙に勝つ見込みはない」と言った。また、テレビ・ドラマ『サインフェルド』には、ネイサンの店にホットドッグを食べに行くエピソードがある。このエピソードは、ベーグルの場合と同様に、ユダヤ系アメリカ人のユダヤ回帰現象の一つでもある。

ネイサンズ・フェイマスは現在、全米五〇州に支店網を展開している。日本人青年が連続優勝して日本でも知られるようになった「ホットドッグ早食い競争」は、このネイサンズ・フェイマス社の主催で、毎年アメリカ独立記念日の七月四日に、コニー・アイランドの本店を会場に開催されている。一人のユダヤ人がアメリカ中に広めたホットドッグは、いまやアメリカ中の遊園地や野球場でなくてはならない食べ物となった。大口を開けてかぶりつく大人や子供の気取らない様子は、アメリカ大衆文化の風景の一部ともいえる。

4　アメリカン・ファッションとユダヤ人

アメリカを代表するファッション・ブランド、リーヴァイス、ラルフ・ローレン、カルヴァン・クラインの創始者はすべてユダヤ人である。これらだけでなく、アメリカの服飾産業全体をこの一〇〇年ほどのあいだ支配してきたのは、ユダヤ系移民とその子孫たちだといっても過言ではない。

第1章で触れたように、アメリカに渡ってきたばかりのユダヤ系移民の多くは、スウェット・ショップと呼ばれた家内工業で一日中ミシンを踏んでわずかばかりの収入を得て生計を立てていた。実は、このスウェット・ショップの元締め、つまりドレスやシャツなどの製品の発注と買い付けを行っていたのも、やはりユダヤ系移民で、彼らはドイツから早めに渡米してきており、すでに服飾産業に参入していた。前述のショービジネスの場合と同様、この業界もワスプにはあまり顧みられない、いわゆる隙間産業であった。

一九世紀後半から二〇世紀初頭にかけての急激な産業化のなかで、鉄鋼、自動車、鉄道、石油といった基幹産業はワスプに独占されていたが、服飾産業は産業全体の中では小規模で地味であったため、ワスプの実業家の注目を浴びることはあまりなかった。その隙間を狙って、新参者のユダヤ人がこの分野に進出した。折しも、産業化の波と移民の大量流入によって都市人口が爆発的に増大しており、これらの人々に供給すべき廉価で大量の衣類は不可欠であった。

ユダヤ系移民たちの多くは、アメリカに渡ってくる前の旧大陸でも、洋服の仕立てや縫製業、またその材料となる生地や糸を扱う商売に従事していた。つまり、服飾業に関する様々なノウハウを持ったまま移民してきたので、アメリカにおいてこの業界に参入することは比較的容易だったのである。しかも、ユダヤ系移民たちのあいだの血縁と言語と宗教による強固な結びつきが、もともと小規模経営が主であるこの産業で有効に作用したという強みもあった。鍛え抜かれた技術、新材料の採用、様々な創意工夫、ユダヤ人同士の緊密なネットワークによって、ユダヤ系服飾業者は、大量消費社会の到来とともに、安くて実用的な服飾製品を次々と世に送り出していく。

ニューヨークは一九二〇年代以降、アメリカの服飾産業の中心として、その地位を誇るようになった。この発展の背景には、ニューヨークという都市自体がメディアと広告の中心地であり、また豊かな資金と、ファッションに関心を持つ多くの消費者を有しているという事情がある。そしてそのいずれの要素にも、ユダヤ人が大いに関わってきた。マンハッタンの「ガーメント・ディストリクト」(服飾産業地区)と呼ばれる地域、すなわち三〇丁目から四二丁目のあいだで、六番街から十番街にはさまれた地域は、現在でも多くのユダヤ系服飾メーカーとデザイナーたちがひしめく場所であり、アメリカのファッション界をリードしている。(4)

5　下着からハリウッド・スターの衣装まで

ユダヤ系服飾業者がアメリカの市場に最初に本格参入していったのは、女性下着の業界であった。一九世紀半ば過ぎのことである。最初はコルセットで、従来型の鯨の髭の代わりに丈夫で加工しやすいスチール製のコードを使うなどして、より柔軟で耐久性のある製品を開発することに成功した。この新しいコルセットは、女性の下着に革命をもたらし、爆発的な売り上げを記録した。コルセットはやがてガードルやブラジャーやスリップに代わり、ユダヤ系の下着メーカーがこの業界をほぼ独占することになる。

なかでも、女性下着の人気ブランドとして現在でも人気のあるメイデンフォーム社は、ロシアからのユダヤ系移民ウィリアム・ローゼンタールとその妻アイダ、それにエニド・ビセットの三人によって、一九二〇年代に設立された。最初は普通のドレス・メーカーとして出発したが、一九二八年以降ブラジャーの生産に本腰を入れ始め、一九四九年には、「私はメイデンフォーム・ブラをつけて夢を見た」の刺激的なキャッチフレーズで大評判となり、女性下着メーカーのトップブランドとしての地位を築き上げた。

ユダヤ系移民の中には、ニューヨークからアメリカ各地の地方都市へ進出して、衣料品業を営む者も数多くいた。「J・プレス」のブランドで知られるジャコビー・プレスは、コネチカット州、ニューヘイヴンで一九〇二年に洋服屋を始め、東部の金持ちの学生たちのあいだで人気となった「アイヴィー・ルック」の草分け的存在となった。このスタイルは、その後あらゆる世代に受け入れられ、いわゆる「アメリカン・トラディショナル」(=アメリカン・トラッド)として日本の学生のあいだでも一九六〇年代のファッション・トレンドとして流行した。

また一方、ユダヤ系服飾業者は西部にも進出して、のちに詳述するリーヴァイス以外にも、ロデオのスターたちが着る派手な衣装を手掛けた東欧出身のネイサン・タークやロデオ・ベン、ヌーディー・コーンなどがいて、カウボーイ・ファッションの雛形を作った。歌手のハンク・ウィリアムズやエルヴィス・プレスリーなどの衣装を手掛けたのも彼らである。

ハリウッドもユダヤ系服飾産業の発展に大きく貢献した。ハリウッドのモーグルは前述のように、ニューヨークを起点に出発したが、彼ら自身が映画産業に参入する前にニューヨークで服飾業に関わった経験があった。その経験から、映画の中で俳優たちが着る衣装の重要性、つまり観客たちへのインパクトがいかに大きいかを理解していた。

彼らは、ロサンゼルスのユダヤ系服飾業者とタイアップして、スターたちが着る衣装のコピーを製造させて収入を上げた。観客は、スターが映画の中で身につけていたのと同じ服を着ることでスターと一体となり「カッコよさ」を満喫するという仕組みである。それらを販売した中でも、有名デパートのメイシーズは、当時の人気女優ジョーン・クローフォードが着た衣装のコピーを五〇万着以上も売り上げたという。メイシーズもユダヤ系が起こしたデパートである(5)（本章「7　デパート」参照）。

6　リーヴァイス

旧大陸にいた時代からずっと都市生活者であり続けたユダヤ人が、先述のカウボーイ・ファッションの場合のように、西部の荒くれ男たちにこそふさわしいファッションを作り出してきたというのは不思議な気がする。だが、これぞアメリカン・ファッションともいえるブルー・ジーンズも、事実、ユダヤ人が作り出したものなのである。

「リーヴァイス」というブランドで世界中に広がったブルー・ジーンズは、ドイツのバイエルンから移民してきたリーヴァイ・ストラウスと彼のパートナーであったラトヴィア出身の仕立職人ジェイコブ・デイヴィスによって生み出された。ブルー・ジーンズ誕生の経緯は、リーヴァイスのホームページに詳しく記されている。(6)

それによると、リーヴァイは初めのうちはニューヨークで兄たちが経営する衣料品卸業を手伝っていた。一八四九年にサンフランシスコでゴールド・ラッシュが起こった際、これをチャンスに、サンフランシスコで一儲けできると考えていた。一八五三年になってやっと、アメリカ市民権を取得したリーヴァイは、早速サンフランシスコへ赴き、そこで兄たちの会社の西海岸支店を開くこととなった。リーヴァイの店は、衣料雑貨や反物を現地の金採掘者や西部移住者相手の小さな商店に卸すのが商売で、ゴールド・ラッシュの賑わいで発展し、西海岸有数の衣料品卸会社となった。

一八七二年にリーヴァイは、彼の顧客の一人であったユダヤ人のジェイコブ・デイヴィスから一通の手紙をもらった。ジェイコブは手紙の中でこう書いていた――自分は金採掘者のためのズボンを作っており、その特徴は、ズボンで破れやすい所、つまりポケットや前開きの端に金属のリベットを使い、苛酷な労働に耐えるようにしている。また、生地には丈夫なデニムを用いている。そしてこう続けた、このアイデアで特許を取りたいと思うが、それには協力者がいるので、二人で一緒に申請しないか、と。リーヴァイはすぐさまその申し出を受け入れ、一八七三年に特許を取得し、共同で生産を開始した。これがブルー・ジーンズの誕生物語である。

作業着として生まれたジーンズは、またたく間に金鉱から、鉄道や工場、牧場や農場などで働く労働者のあいだに広まった。最初は労働着にふさわしく胸当て付きのオーヴァーオールで、道具や必需品を携帯するためのストラップが付いていた。やがて、現在のようなパンツ・スタイルが主流となり、二〇世紀前半にはホワイトカラーのあいだでも、リゾートなどで休日を気軽に過ごすためのカジュアル・ウェアとして全米に広がった。また、ジェイムズ・ディーンやマリリン・モンローなどのスターたちが映画の中で着用するとなると、それを見た世界中の若者たちにとってジーンズは憧れの的となり、文字通りアメリカン・スタイル、アメリカン・ファッションのシンボルとなった。

リーヴァイス以外にも、アメリカン・ファッションの象徴として広く知られるブランドに、「ラルフ・ローレン」と「カルヴァン・クライン」があるが、これらもその創始者はユダヤ系である。ラルフ・ローレンはロシア（ベラルーシ）からの、カルヴァン・クラインはハンガリーからのユダヤ系移民二世であり、育ったのは二人ともニューヨークのブロンクスである。またインテリア・デザイナーとして有名なロバート・デニングも同じユダヤ・ゲットーに育っている。

ラルフ・ローレンのデザインした服は、映画『アニー・ホール』でウディ・アレンとダイアン・キートンが着たことで、「アニー・ホール・ルック」と呼ばれて評判となり、また、カルヴァン・クラインは、ボディ・ラインを強調したシャープなカットで、ジーンズ・ルックの新たなスタイルを作り出した。

7 デパート

メイシーズ、ブルーミングデールズ、ニーマン・マーカス、サックス・フィフス・アヴェニュー、バーグドルフ・グッドマンなど、これらアメリカを代表するデパートはいずれもユダヤ系移民が創業したものである。これらの創業者のほとんどは、ロシア・東欧から大量のユダヤ系移民が流入するよりも半世紀ほど前に、ドイツからアメリカに渡ってきた移民であった。彼らの多くは、行商から身を起こし、衣料品店の経営を経て、ニューヨークないしは地方の都市部で商売を拡大していった。この点では、日本の大手デパートの多くが、その前身が呉服商であったのと事情が似ている。

一九世紀の末に右記デパートの多くは出揃うが、その背景には、南北戦争後の大量の新移民の流入と産業化がもたらした大量消費社会の出現という状況があった。彼らの興したデパートは、大都市ニューヨークやフィラデルフィアだけにとどまらなかった。鉄道網の発達により大量の物資の移動が可能となり、その結果として地方の都市も発展し、もともと開拓時代から辺境で商業を営んでいたユダヤ系商人たちが、デパートの経営に乗り出していったのである。当時発展しつつあったワスプ系のシアーズ・ローバック社の通信販売に対抗するために、これら地方のデパートのいくつかはユダヤ系の銀行リーマン・ブラザーズ（近年倒産して話題となった）の周旋で連合し、「フェデレイテッド・デパートメント・ストアーズ」を設立する。ここでも、ユダヤ人同士のネットワークがうまく機能し、ニューヨークに拠点を持つ大デパートと地方のデパートの協力関係もできた。

こうしてユダヤ系デパートは全米的規模で拡大していき、ハリウッドの映画会社と同様、ユダヤ系経営者はデパート業界の「モーグル」としばしば称されるまでになる。そのなかでも、メイシーズのストラウス家は、デパート経営だけでなく、慈善事業や政治に携わったことでその名を最も知られる。ドイツから渡ってきたイシドアとネイサンのストラウス兄弟は、南北戦争後のニューヨークでＲ・Ｈ・メイシー（非ユダヤ系）の店の地下室を借りて陶磁器業を営んでいたが、一八八七年にメイシーの店全体を買い取って、自分たちの会社を興した。その際、メイシーの屋号をそのまま使ったので「メイシーズ」（Macy's）の名前が残った。店はその後、飛躍的に発展し一九二〇年代には世界最大のデパートにまで成長した。

メイシーズは、オーナーがユダヤ人であるにもかかわらず、クリスマスの祭日を利用して、消費者の購買意欲を最大限に高めるという商法を編み出した。今日のような世界中どこでも繰り広げられるクリスマス商戦を作り出したのは、このストラウス兄弟の仕掛けによると言ってもよい。メイシーズは、一一月末の感謝祭の日に、街頭で豪華な一大パレードを催すことで、クリスマスの一か月も前からお祭り気分を盛り上げ、この期間の売上を大幅に伸ばした。現在でもこのパレードは行われており、ニューヨーク名物の一つとなっている。

また同じニューヨークに本拠地を置くブルーミングデールズは、宣伝に長けており、一九一三年には、「すべての電車がブルーミングデールズにやってきます」という地下鉄の街ニューヨークならではの都会的なキャッチフレーズで、店のイメージ作りを図った。実際、当時のニューヨークの地下鉄は、すべての電車がブルーミングデールズの地下にある駅を経由していた。このようにして、客をただ待つのではなく、消費者の購買意欲を刺激することによって消費を作り出すという、アメリカ型の消費文化がユダヤ系経営者たちによって作り出されていったのである。(7)

商売で成功する一方で、デパートのユダヤ系経営者たちは、自分たちが単なる商人ではなく、「よき隣人」であろうとし、そのようなイメージ作りにも努めた。大手デパートは、様々なかたちで地元の経済に大きな影響を及ぼす。小規模の商店を圧迫する一方で、大きな雇用を作り出し、税収や地元新聞の広告収入を上げることで、街全体の発展を促した。さらには、教育機関への寄付や慈善事業などを積極的に行うことで、地域の名士にさえなった。

実際、ストラウス家の長男イシドアは、ニューヨーク市の政治や教育事業に尽力し、一八九四年には連邦下院議員にも選出された。また、ハーヴァード大学には多額の寄付を行い、同大にはストラウス・ホールという建物が残っている。弟のネイサンは慈善事業家として知られ、一八九〇年代の不況時には、ニューヨークの貧民に石炭や食料を無料で配布した。また、一九一四年には国内外に、乳幼児のための低温殺菌ミルクの配給センターを設置して、世界中の貧しい家の子供たちを救済した。その下の弟オスカーは、法律家となり、セオドア・ローズベルト大統領のもとで、米国史上初のユダヤ人閣僚（商務労働長官）に就任している。

しかし、このような華々しい活躍の半面、彼らは厳しい反ユダヤ主義に身をさらされることも多かった。彼らは富と名声を手に入れても、ワスプ中心の様々な種類の社交クラブからは、ユダヤ人だという理由で、当たり前のように入会を断られた。ネイサン・ストラウスは、ニュージャージーのある有名リゾート・ホテルから宿泊を断られ、すぐ隣にそのホテルの二倍の大きさのホテルを建てたというエピソードを残している。また、ハーヴァード大学に多額の寄付をしても、入学者のユダヤ人枠は制限されたままだった。当時は、まだまだユダヤ人差別が露骨に行われていたのである。(8)

このような状況を象徴的に物語る事件が一九一三年ジョージア州アトランタで起きている。二九歳のユダヤ人青年レオ・フランクが、彼の叔父の経営する鉛筆工場の従業員で一四歳の少女を殺害したという罪で死刑判決を受けた。証拠は不十分であるし、検察側の証言も曖昧であった。真犯人は工場の門衛である可能性も次第に明らかになってきていた。それにもかかわらずこのような判決が下されたのは、裁判所の外で騒いでいる反ユダヤ主義者たちの圧力に陪審員が恐れをなしたからであった。

当時この裁判は、「アメリカ版ドレフュス事件」として世間の注目を浴び、ネイサン・ストラウスをはじめ多くの著名人がフランクの擁護のために立ち上がった。その甲斐あって、ジョージア州知事ジョン・スレイトンは死刑を終身刑に減刑した。それにもかかわらず、反ユダヤ主義者たちの暴徒がフランクを留置場から引きずり出し、リンチを加えて殺害した。フランクがもしユダヤ人でなかったなら、嫌疑をかけられることすらなかったであろう。

当時、反ユダヤ感情は南部において、とくに激しかった。反ユダヤ主義者たちは、隙さえあればそれにつけこんで、忌々しいユダヤ人を攻撃しようと虎視眈々と狙っていたのである。裁判当時、「ニューヨークからきた汚らわしい変態ユダヤ人」を処刑しようという声が上がり、これに乗じてアトランタの反ユダヤ主義団体は、ジョージア州全域のユダヤ人商店のボイコット運動を展開しようとしていた。アメリカ中のユダヤ系商人たちは、いつ何時このような事態が自分たちの周辺に及ぶかと、不安を隠しきれなかった。この事件がきっかけで、ユダヤ人に対する誹謗中傷と差別を告発する団体「反中傷連盟」が組織されている(9)(この団体は現在でも活動している)。

それでも彼らは、懸命にアメリカに同化し、完全なアメリカ人になろうとし続けた。イシドア・ストラウスの息子ジェスは、一九三〇年代にフランスのアメリカ大使に任命されたが、彼は少なくとも公的には、一度もヒトラーのユダヤ人迫害に言及することも、またフランクリン・ローズベルト大統領にユダヤ人救済のための働きかけをすることもなかった。それどころか、アメリカのユダヤ人有力者の団体が反ヒトラー運動を開始したとき、ジェスはそれに反対さえした。理由は、彼らの行為によって、ユダヤ人はアメリカの中にありながら異人種の集団であり誠実で愛国心のあるアメリカ人ではない、という印象を与えることとなり、結局は「ユダヤ人社会に害をもたらすことになる」からだとした。

反ユダヤ主義を恐れるこのような態度は、前に見たとおり、ハリウッドのモーグルたちや放送の三大ネットワークの経営者たちにも共通してあった。ユダヤ人以外の大多数を顧客とするビジネスの経営者たちにしてみれば、それも無理からぬことであった。実際、ジェスの発言の前後、つまり一九二〇年代にはフォードの反ユダヤ・キャンペーン、一九四〇年代にはリンドバーグのユダヤ人警戒論が唱えられ、反ユダヤ主義の風潮は高まっていた。

ユダヤ系デパート経営者たちが、刻苦勉励を通じて築き上げた経済的基盤と社会的地位がいつ何時ナショナリズムの反撃を受けて崩壊するかもしれない、という危機意識を持つのは当然のことである。彼らは旧大陸ですでに幾度となくそれを経験しているからだ。何よりもナチスによるホロコーストは、彼らユダヤ人の存在すらもこの地上から消滅してしまうという危機に直面させた。だが、ストラウス家は地位の保全を願うあまり、アメリカに過度に同化しようとしたきらいがある。メイシーズ創業者から三世代目に当たるストラウス家の子孫の家庭では、「ユダヤ人に関する話題は両親のあいだで全くのタブーとされ、子供たちは反ユダヤ主義者として育てられた」という。

彼らは、自らのデパートでアメリカ人のために標準化された商品を売る一方で、売る側の自分たちもアメリカ標準となる必要があったのだろうか。ストラウス家の三代目は、すべてキリスト教徒と結婚している(10)。

第10章　暗黒街のユダヤ人

1　暗黒街とユダヤ人

「暗黒街」と「ユダヤ人」、この両者は一般的には結びつきにくい。ましてや「ユダヤ系ギャング」となると、そのような存在があったということすら疑問に思うだろう。だが実際には、一九二〇年代から三〇年代の禁酒法時代に、マフィアと肩を並べるようにして、数多くのユダヤ系ギャングがアメリカの裏の世界で暗躍していた。この事実は、当時を生きたユダヤ人の一部にも知られていたが、戦後のユダヤ人の急激な地位向上にともなって語られることも少なくなり、むしろユダヤ系アメリカ人社会の恥部として、あるいは一種のタブーとして隠蔽されていた感がある。

ようやく一九八〇年代に入って、ユダヤ系ギャングをモチーフにした小説や映画が登場するようになり、その実像が次第に一般に知られるようになった。その多くは、ユダヤ人自身によって執筆、製作されたものである。このことは、アメリカにおけるユダヤ人の地位が安定して、かつてのような反ユダヤ主義を惹起する恐れが減少したことに関係する。また近年、研究者のあいだでも、この当時のユダヤ人社会の闇の部分に関心が集まり、当時の新聞記事、警察の記録、関係者へのインタビューなどの一次資料を駆使した研究も出始めている。

このような研究成果は、今後、ユダヤ移民史や犯罪史、あるいは文化史や文化研究といった様々な分野で活用され、アメリカの現代史に新たな視野をもたらすに違いない。本章では、そのような観点から、諸々の事象の詳細に立ち入ることをあえてせず、ユダヤ系ギャングの足跡を素描することによって、新たなユダヤ人像を描き出す契機としたいと考える。

2　禁酒法とギャング

一九二〇年一月一六日午前零時、禁酒法が施行された。このときを境に、酒の販売、製造、輸入は全面的に禁止となった。しかし、飲酒癖のある人間がそう簡単に酒をやめることなどできようはずもなく、この「渇き」をいやすために、アメリカ中の都市には「スピーク・イージー」あるいは「ブラインド・ピッグ」と呼ばれる闇酒場が次々と出現した。その数は全米で、瞬く間に二〇万軒を超えたという。

酒を扱うこと自体が違法となれば、この商売は普通の人間が携わることができない。したがって、当然それはアウトローのギャングたちが独占するところとなる。このような違法酒場の経営に関わり、また独占的に酒を供給するという〈ビジネス〉に乗り出したのが、それまで恐喝、売春、賭博などを生業としていたギャングたちであった。彼らは、酒の密造、密輸、密売を組織的に行い、その販路の拡大には暴力を用いることに何のためらいも覚えなかった。この違法ビジネスは、トータルで年間数億ドルの規模にまで達した(1)。

禁酒法時代に暗躍したギャングといえば、誰もがアル・カポネをはじめとするイタリア系ギャング、つまりマフィアを想像するが、それとは別に、マフィアと肩を並べる、ないしはそれを凌駕するほどの勢力を持っていたユダヤ系ギャングの存在があった。実際、一九三三年まで続いた禁酒法時代の酒の密輸・密造の五〇パーセントを支配していたのは、ユダヤ系ギャングだったのである(2)。

この当時のアメリカのギャングには、ワスプ出身の者はほとんどおらず、構成員の大部分は一九世紀以降に渡米してきた新参者の移民たちであった。最初は、その中でも渡米してくるのが最も早かったアイルランド系が勢力を伸ばしていたが、次第にそのあとから渡ってきたイタリア系とユダヤ系が頭角を現してくる。このとき、イタリア系とユダヤ系は協力してアイルランド系を排除していくのである。

その象徴的な事件が一九二九年にシカゴで起きた。有名な「セント・ヴァレンタイン・デイの虐殺」である。この事件は、アル・カポネ一味の仕業ということになっているが、実際に虐殺を行ったのは、ユダヤ系のギャングであったといわれている。このユダヤ系ギャングは、「パープル・ギャング」と呼ばれ、デトロイトを拠点に暴行や殺人を繰り返し、アル・カポネさえも、うかつに手出しできないほどの極悪非道の組織であった。このパープルが、シカゴにおける酒の密輸をめぐってカポネと結託し、商売で敵対するアイルランド系ギャングの排除を図ったというのが、この虐殺事件の真相ということになっている。だがこの事件は、犯人が特定されないまま迷宮入りした(3)。

シカゴでのこの事件はともかく、ユダヤ系ギャングの多くは、ニューヨークのユダヤ・ゲットー、とくにマンハッタンのローワー・イースト・サイド出身であった。そのうちの約半分が、親にともなって幼少の頃ロシア・東欧から渡ってきた移民一世であり、残りの半分は、移民の親からアメリカで生まれた移民二世であった。ゲットーの周辺には、アイルランド系、イタリア系、ポーランド系など多様な移民が暮らしており、各々の民族からなる少年ギャング同士の暴力事件は日常茶飯事であった。こうした環境のなか彼らは、窃盗、強盗、恐喝などの犯罪を繰り返しながら、やがて本格的なギャングへと成長していった。一九八四年公開の映画『ワンス・アポン・ア・タイム・イン・アメリカ』は、そのような少年たちの姿をリアルに描いている。

3　闇の世界の帝王ロススタイン

これらの少年たちに悪の世界で生き抜くための方法を指南し、将来の大ボスに育てたあげた人物がいた。アーノルド・ロススタインである。一九二〇年代のアメリカを象徴する人物としてその後も語り継がれているこの人物は、スコット・フィッツジェラルドの『華麗なるギャツビー』にも「ウォルフシャイム」の名で登場する。

実際の彼は、少年ギャングたちとは違って、比較的裕福なユダヤ人家庭に生まれ、教育も受けていた。しかし、比類ないギャンブルの才と狡知に長けたロススタインは、法の網の目をかいくぐって、一九二〇年代には弱冠三〇歳で「闇の世界の帝王」と呼ばれるまでになった。[4] 彼自身が語ったところによると、ギャンブルの世界に身を投じたのは、父の権威に対する反抗であったという。[5]

フィッツジェラルドの小説で彼は、一九一九年の大リーグ・ワールドシリーズの八百長（「ブラック・ソックス事件（Black Sox Scandal）」と呼ばれ、世間を大いに騒がした）を仕組んだ人物ということになっている。たしかに当時は、そのような噂が飛びかってはいた。しかし、最近の研究で、本人は八百長には直接関与していなかったということが明らかにされている。[6]

このロススタインが、禁酒法時代の〈好機〉を逃すはずはなかった。当時、ニューヨークのスラム街で暴れまわっていた少年ギャングたちを〈教育〉し、彼らを組織することで、酒の密輸、密造、密売に乗り出す。これによって、彼の富はさらに増大し、その資金力と才覚において「闇の世界のJ・P・モルガン」と呼ばれるまでになる。[7] しかし、ロススタイン自身は一九二八年に四六歳で殺されるまで、一度も犯罪者として起訴されることはなかった。手口が巧妙であっただけでなく、裏で金を使って政治家と警察を操っていたのである。

ロスタインの弟子つまり手下たちの名前を列記すると、ユダヤ系では、マイヤー・ランスキー、ベンジャミン・バグジー・シーゲル、ダッチ・シュルツ（本名 アーサー・フリーゲンハイマー）、ワクシー・ゴードン（本名 アービング・ウェクスラー）、イタリア系では、チャールズ・ラッキー・ルチアーノ（本名 サルヴァトーレ・ルカーニア）、フランク・コステロ（本名 フランチェスコ・カスティーリャ）などがいる。いずれも一九二〇年代以降その悪名を轟かすようになるギャングのボスたちの名前である。

図6　映画『ビリー・バスゲイト』（1991）

彼らの生き様は、近年、映画化されるようになり、その名を知られるようになってきた。バグジー・シーゲルは、映画『バグジー』（一九九一）でその半生が描かれ、バグジーを演じたのはウォーレン・ベイティである。ダッチ・シュルツもまた、映画『ビリー・バスゲイト』（一九九二）のなかで描かれ、その役を演じたのは、ダスティン・ホフマンであった。また、ダッチ・シュルツは、映画『コットン・クラブ』（一九八四）にも実名で登場する。

ところで、イタリア系のラッキー・ルチアーノはシチリア生まれで、ニューヨークを拠点としながら組織の近代化を推し進め、その後何代も続くことになるアメリカン・マフィア、つまりジェノヴェーゼ・ファミリーの土台を築き上げた人物である（一九七二年からの映画『ゴッド・ファーザー』のシリーズはこのファミリーの盛衰を描いている）。彼はローワー・イースト・サイドにおける少年時代から生涯、マイヤー・ランスキーの盟友であったが、この二人の関係は、この時代のユダヤ系ギャングとイタリア系マフィアの連携を物語るエピソードの一つである。

4　ゲットーからアンダーワールドへ

ユダヤ系ギャングという存在は、簡単には想像しにくい。ユダヤ人は、いつの時代でも、社会の片隅に追いやられ、差別され、軽蔑され、時には暴力的な迫害を受けるが、それにもただひたすら耐え忍ぶ我慢強い人々というイメージのほうが強い。そのようなユダヤ人から、なぜ法に背き、暴力をふるい、殺人までも犯すギャングが多数生まれたのか。この疑問を解く手がかりは、彼らの出身母体であるユダヤ系移民社会にある。

前述のように、ユダヤ系移民の多くは、ニューヨークのローワー・イースト・サイド、ブロンクス、ブルックリンといった地域に集住し始め、移民船が到着するたびにその数を増やし、やがてユダヤ・ゲットーと呼ばれるユダヤ人貧民街を形成するようになる。言葉も宗教も異なる移民たちは、手押し車で物を売り歩くか、服職業の下働きなどをして日銭を稼ぐのがやっとで、貧困にあえいだ。「自由と平等」の国で、さらに彼らを待ち受けていたのはユダヤ人に対する執拗な差別と敵意であった。

産業の基幹をなす既成の職種からは排除され、有名大学はユダヤ人枠を設けてユダヤ人の入学を制限するなど、ユダヤ人の社会進出はあらゆる方面で、当然のことのように阻害されていた。それだけでなく、当時ニューヨーク市の社会改革にあたっていた法律家フランク・モスは、貧しいユダヤ・ゲットーとその住民たちを「ニューヨーク市全体の存続を脅かす最も忌まわしい要素」であると公然と訴えていた(8)。

むしろ直接的な暴力に苦しめられていたのは、子供たちであった。ゲットーで暮らすユダヤ系移民の子供たちは、先に渡ってきていたアイルランド系移民の不良たちの格好の餌食となり、日常的に恐喝や暴行を受け、逆らう者は殺されることさえあった。アメリカという国は、アメリカン・ドリームという夢を誰にでも抱かせるが、何も与えてくれはしない――これが、ゲットーで育った子供たちの現実認識であったとしても不思議ではない。

そのような状況においても、才能に恵まれた子供のなかには、ショービジネスやスポーツの世界に進出する者もいたし、勤勉に努力することで、商売で成功する者も、苦学して学問で身を立てる者も出始めていた(9)。しかし、特別な才能もなく、地道な努力もしない、それでも貧困から逃れたいという夢だけは大きい、このような若者たちは別の世界を選んだ。「アンダーワールド」つまり犯罪の世界である。ユダヤ系ギャングを研究する歴史学者ロバート・A・ロッカウェイは、次のように書いている。

これらの人間が、犯罪の道を選んだのは、彼らが金と力と社会的認知と地位を求めたからであり、しかもそれらを早く手にしたかったからである。そして犯罪は、刺激的であり、勉強の退屈さや、商店や工場での長時間労働の辛さよりは、確実に魅力に富んでいたである。(10)

また、次のような考え方もあった。アメリカでユダヤ人はいじめられる。しかし、この国では、やろうと思えばやり返すこともできる。なぜなら、アメリカでは職業選択の自由があり、犯罪者になる自由もあるからだ。自分たちは、この国で生まれた他の者たちと違って、何も持たずにアメリカへ渡ってきたのだから、失うものは何もない。他にどうやって、ローワー・イースト・サイドから抜け出していくというのだ。(11)

「やり返す」という考え方は、旧大陸でポグロムに苦しめられていた頃、ユダヤ人の若い世代のなかですでに生まれていた。ユダヤ系ギャングのボスの一人、マイヤー・ランスキーはポーランドでの子供時代、ある若者が親たちに向かって声高に語っているのを覚えているという。

どうして羊のように我慢しているのだ。やつらがやりたい放題に、金を奪い、息子を殺し、娘を強姦しているというのに。立ち上がって、戦うべきだ。あんたたちも、他の男たちと同様に、男なんだ。ユダヤ人だって戦えるんだ。われわれには武器はないが、それは問題ではない。棒や石を使えばいい。やり返すんだ！　怖気づくな。やっつけろ、そうしたら奴らも逃げる。どうせ死ぬなら、戦いながら死ぬんだ。

ランスキーはローワー・イースト・サイドでの少年時代、アイルランド人に「やり返す」時に、いつもこの若者の言葉を思い出していた、と語っている[12]。

5　ダッチ・シュルツの最期

「やり返す」ことに固執したために、悲惨な最期を遂げたのは、映画や小説にもたびたび登場するダッチ・シュルツであった。シュルツは、一九〇二年にニューヨーク市ブロンクスで生まれた。本名は、アーサー・フリーゲンハイマー。一四歳のときに父親が家出をし、同時に彼も学校をやめた。その後様々な職を転々としたが、満足な収入を得ることができなかった。そしてギャングの一味に加わる。

彼は仲間から、「ダッチ・シュルツ」と呼ばれるようになるが、この名前は一〇〇年前に悪名を轟かしたギャングの名前である。彼はこの名前が気に入っていた。その理由は、「新聞の見出しを飾るのにちょうどよい短さだからだ。フリーゲンハイマーでは誰も覚えちゃくれない」[13]。彼は、犯罪で自分が新聞種になることに喜びさえ覚えていたのである。

シュルツは、あらゆる犯罪に手を染めるが、やはり彼の場合も一番実入りの良いビジネスは酒であった。販路を広げるために、恐喝、暴行を日常的に行い、ギャングのあいだでもその残忍さはよく知られていた。また、性格的にかっとなりやすく、短気を起こすと、人前でも平気で人を殺した。このような気性があだとなり、彼は三三歳の若さで殺されることになる。その経緯は次のようになる。

当時、政府からギャング一掃のために特別検察官に任命されたトーマス・デューイが、ダッチ・シュルツに矛先を向け、脱税容疑の調査に乗り出した。デューイは名うての法律家としてギャングのあいだでは恐れられており、のちには大統領候補にまでなる人物である。デューイの捜査は容赦なく、電話の盗聴、強迫による証言の強要など、ときには違法な手段を使うことさえあった。このようなデューイの執拗な捜査に、シュルツは激怒して、この〈敵〉を殺すと言い始めた[14]。

シュルツは、この殺害計画を仲間のギャングのボスたちに提案したが、受け入れられなかった。そのボスたちのなかには、ラッキー・ルチアーノ、マイヤー・ランスキー、バグジー・シーゲルなども含まれていた。デューイを殺害すれば、彼らの犯罪組織に対して、国を挙げての掃討作戦が行われ、壊滅的打撃を被ることを彼らは危惧したのである。しかし、シュルツの怒りは収まらず、単独で犯行に及ぶ様相であったため、彼らはデューイ暗殺を止めるために、シュルツを殺害することに決めたのである。

一九三五年一〇月二三日の夜、シュルツはニュージャージー州ニューアークにあるレストランに用心棒二人と会計係の男をともなって食事に出かけた。それからしばらくすると、二人の殺し屋が店に入ってきた。テーブルに歩み寄ったかと思うと、いきなり、そこにいた三人に発砲し始めた。用心棒二人は銃を抜いて応戦したが、甲斐もなく三人は崩れ落ちた。

ちょうどそのとき、シュルツは男子トイレで用を足していた。トイレの入り口のドアが開いているのに気付いた殺し屋の一人が、シュルツを見つけ発砲。二発発射した内の一発がシュルツの左胸の下に命中。体内に入った弾丸は、肝臓と胆嚢と大腸を打ち砕いて、背中から抜けた。彼は、大量の出血で意識が朦朧となり、よろめきながらトイレを出て、テーブルに戻り、そのままうつ伏せになって動かなくなった。一説には、シュルツがわざわざテーブルに戻ったのは、トイレで自分の死体が見つかるのを嫌がったためとも言われている。

病院に運ばれたシュルツは、こん睡状態になり、翌日死亡した。死ぬ前に刑事が、誰が撃ったかを何度も聞いたが、彼は答えられなかった。のちに、殺し屋二人は、金で殺人を請け負うプロの殺し屋たちの組織「殺人株式会社」(Murder, Inc.) から派遣されていた、バグズ・ワークマンとメンディ・ワイスであったことが判明した。(15) この組織を率いていたのは、シュルツのギャング仲間であったバグジー・シーゲルとマイヤー・ランスキーである。

だが、殺し屋に直接指示を出したのは、「殺人株式会社」のマネージャー的存在であったルイス・レプケ（本名 ルイス・バカルター）である。彼も悪名高いユダヤ系のギャングで、当時のＦＢＩ長官のエドガー・フーバーが「アメリカで最も危険な犯罪者」と呼んだ男である[16]。一九三〇年代後半には、ＦＢＩとニューヨーク州当局が五万ドルの賞金をつけて指名手配した。そのおかげで「レプケ」の名は有名になり、殺し屋の代名詞にもなった。結局、彼は殺人罪で逮捕され、この時代のギャングのボスとしては、ただ一人電気椅子で処刑された男となった[17]。

6　ナチ党集会を粉砕したユダヤ・ギャング

前述のように、二〇世紀初頭のユダヤ系移民の子供たちは、つねにその他の民族からなる少年ギャングの攻撃にさらされていた。その多くは、いわばユダヤ人に対する差別感情によって促されたものであった。いわゆる「ユダヤいじめ」である。だが一九三〇年代に入ると、そのいじめは、少年同士の暴力沙汰という領域をはるかに超えて、政治的迫害への兆しを見せ始める。つまり、ナチズムの興隆である。ドイツでヒトラーが政権に就くと、ナチズムはアメリカにも飛び火し、反ユダヤ主義運動が各地で再燃し始めた。

デトロイトのカトリック神父のチャールズ・コグリン、プロテスタント原理主義者のジェラルド・

ウィンロッド牧師、ドイツ系アメリカ人協会の会長のフリッツ・クーン、彼らはいずれもナチスに共感し、反ユダヤ主義的な言動を繰り返す。なかでも、コグリン神父の場合は、ラジオという新しいメディアを使ったことで、それまでの印刷媒体で行う反ユダヤ・キャンペーンよりその浸透力ははるかに大きかった。当然、ユダヤ人社会のリーダーたちはこのような状況を憂慮したが、彼らはそれに対応するすべを知らなかった。

とりわけナチ党の集会が頻繁に各地で開催されるようになると、事態はさらに深刻なものとなり、全米のユダヤ人たちは危機感を募らせる。ニューヨーク州の判事で元国会議員のネイサン・パールマン（ユダヤ系）は、事態の解決には、ユダヤ人もある程度戦闘的にならざるを得ないと考えた。彼は、内密にユダヤ系ギャングの大物、マイヤー・ランスキーに助けを求めた。(18)

パールマンは、ナチ党の集会を粉砕することの見返りに、金銭と法的支援を行うと提案した。条件が一つあった——暴力はいくら使ってもよいが、党員を殺してはいけない。ランスキーは渋々この条件を受け入れたが、金銭と法的支援は断った。その代わりに、ユダヤ系の新聞が、自分たちの暴力行為を批判するのだけは阻止してほしい、と要求した。パールマンはそうすると約束した。

ランスキーは早速、「殺人株式会社」のつわものを集め、殺さないように攻撃するには、どのように殴るかを細かく指導した。ランスキーの手下は、実にプロフェッショナルに事を行った。この襲撃で、ナチ党員の腕や足を折り、頭には裂傷を負わせたが、だれひとり命を失う者はなかった。このような襲撃は一年以上も続いた。ランスキーは数年後に、ユダヤ系のジャーナリストに襲撃の模様を語っている。

われわれがその夜、現場へ着くと、茶色いシャツを着たナチ党員が数百名集まっていた。ステージには、かぎ十字の旗とヒトラーの写真が飾ってあった。彼らが演説を始めた。われわれはたったの一五人しかいなかった。そして行動に及んだ。先ずは、廊下にいた連中を叩きのめし、何人かは窓から放り投げた。そして会場のあちこちで乱闘が始まった。ナチの連中は大方パニックに陥り、逃げ出した。われわれはそれを追いかけ、ぶちのめした。なかには何か月も活動ができなくなった奴らもいた。(19)

ランスキーはさらにこう語っている――「われわれは、奴らに教訓を与えたかったのだ。ユダヤ人がいつも、何もしないで侮辱を受け入れると思ったら、大まちがいだ、ということを」(20)。

こののち、ナチ党は集会のたびに警察の警護を求めるようになった。しかし、その当時のニューヨーク市長はフィオレオ・ラガーディア（ニューヨーク、ラガーディア空港の名称は、彼の名にちなんでいる）で、彼の母親はユダヤ人だった。ラガーディアは、ナチ党員の安全のためにという名目で、集会の場所を限定し、彼らが制服を着たり、ナチ党の歌を歌ったりするのを禁じた。おまけに、警護に当たらせた警察官は、ユダヤ系と黒人だけにするという皮肉な策を講じた。明らかに、彼はユダヤ人に同情的であった。

ユダヤ系ギャングがナチスの集会を粉砕するという事件は、一九三〇年代に、ニューヨーク以外の様々な都市でもしばしば起きた。いずれの場合も、警察当局はギャングに甘い態度をとった。襲撃に参加したギャングの一人は、半世紀以上の後に、こう振り返る――「それは生涯のうちで最も幸せな瞬間だった。だが、あいつらを全員殺さなかったのは、まったく残念なことだった」[21]。ホロコーストの現実をあとで知れば、そう思うのも無理からぬことである。

7　イスラエル建国への支援

第二次大戦終了後、パレスチナではイスラエル独立の動きが始まる。その指導者ベングリオンは、アラブ人と戦うための資金と武器・弾薬の調達をしなければならなかった。ハガナと呼ばれる地下武装組織（のちにイスラエル国防軍へ発展）がそれを取り仕切ることとなった。ハガナは、最大のユダヤ人口を抱えるアメリカに的を絞った。しかし当時のアメリカ政府は、イスラエルへの武器の輸出を禁じていた。したがって、武器の輸送には、正規のルートではなく、裏のルートを使う必要があった。ここで頼りになるのが、禁酒法時代に密輸のノウハウを培ってきたユダヤ系ギャングの組織であった。ハガナの武器調達を請け負っていたイスラエル人、イェヒュダ・アラジは、アメリカへ渡る。当時のアメリカの武器禁輸策は、アラブ国家には適応されていなかった。アラジが考えついたのは、アラブ向けに輸出される武器の横取りだった。彼は、ニューヨークの港がマフィアによって支配されているのを知っていた。そこで、マフィアと関係の深いユダヤ系ギャングのボス、マイヤー・ランスキーに相談を持ちかけることにした。アラジがランスキーに頼んだ内容はこうである――アラブ向けの武器の積荷を見つけ出して、それが紛失したように見せかけ、こっそりイスラエル行きの船に積み替えるように取り計らってもらえないか。

早速、ランスキーは長年付き合いのあるマフィアのボス、アルバート・アナスターシアに、アラジの意向を伝えた。当時、港湾労働者の組合と桟橋全体をコントロールしていたアナスターシアにとって、そのような仕事はお手のものであった。武器は無事に、イスラエルの港へ到着した(22)。

以後、イスラエルへの武器の密輸は、様々な方法をとって、アメリカ各地の港から繰り返し行われることになる。そのなかでも特筆すべきは、マイアミのユダヤ系ギャング、サム・ケイがとった方法である。彼は、当時のパナマ大統領と深いつながりがあった。その関係を利用して、イスラエルへの武器輸出の船をすべてパナマで登録させ、パナマ国旗を掲げながら堂々と航行させたのである。このおかげで、難なく大量の武器をイスラエルへ密輸することが可能となった(23)。

アメリカのユダヤ系ギャングは、武器の密輸以外にも多額の資金援助をするなど、進んでイスラエル建国のために支援を行った。ランスキーは言っている、「ユダヤ人社会とイスラエルを助けるのは、義務だと思う。なぜなら自分はユダヤ人だからだ」(24)と。彼らの行為は、ある意味で、過去に犯した様々な罪の償いでもあろうし、また、若い時代には望むべくもなかった尊敬や正義を追い求めた結果でもあろう。しかし、他の立派な地位にあるユダヤ人ではできないことを、彼らがアウトローであったが故に、できたというのも確かなのである。

ユダヤ系ギャングたちは、マフィアと違って、自分の子供の世代を犯罪に関わらせることはしなかった。第二次大戦後、ユダヤ系ギャングは次第に勢力を失い、一九六〇年代以降には、彼らの活動が伝えられることはほとんどなかった。現在のユダヤ人はもはや、成功するために闇の世界に頼る必要はない。彼らのギャング生活は、すべて一代限りのものだったのである。

第Ⅱ部　「非」大衆としてのユダヤ人

第11章　アメリカ文化の分裂

1　アメリカ的、非アメリカ的

ユダヤ人が、アメリカ大衆文化の形成と発展に寄与してきたとはいえ、アメリカの大衆が彼らに対して抱く差別感情が消えてなくなるわけではない。ある調査によると、アメリカにほぼ完全に同化しているユダヤ人のあいだでも、その八割は、いまだに反ユダヤ主義に重大な関心を寄せているという。前に見たフォードの反ユダヤ・キャンペーンでは、ユダヤ人は映画製作を通じて、〈アメリカ的〉道徳観やライフスタイルを破壊しようと企む異人種（東洋人）であるとされた。

そもそも〈アメリカ的〉とはどういう意味か。アメリカ合衆国は、イギリス系のピューリタンが中心となって建国して以来、政治的には「自由」「平等」「民主主義」、文化的には英語をはじめとするイギリス的様式、宗教的にはピューリタンないしはプロテスタントを根幹として、二〇〇年以上にわたって営々と〈アメリカ的〉な国柄というものを築き上げてきた。そしてそれを担ってきたのが、人種的には白人、民族的にはアングロサクソン、宗教的にはプロテスタントである人々、つまりワスプである。

逆に、〈非アメリカ的〉とは、このような要素とは異質なものを指すことが容易に想像できる。旧来からのアメリカ人がそれを強く意識するようになるのは、彼らとは違うタイプの移民が大量に流入してくる一八八〇年代から一九二〇年代にかけてのことである。この時期の移民を「新移民」と呼ぶが、それは彼らが民族、言語、宗教の面でそれ以前の移民とは大きく異なっていたからである。

従来のアメリカ人のほとんどは、イギリス系、オランダ系、北欧系、ドイツ系（いずれもゲルマン民族に属す）であり、アメリカに渡る前は、英語を中心としたゲルマン語派の諸国語を母語とし、宗教的にはプロテスタントであった。つまり、出身国は異なっていても、比較的同質な集団であったといえる。

しかしながら、新移民の場合は、出身地域で言えば、南欧、東欧、ロシア、アジアであり、民族的には、ラテン系、ギリシア系、スラブ系、ユダヤ系、さらには日本・中国などのアジア系であった。アジア系は別として、ヨーロッパ出身の移民だけでくらべてみても、その異質性は、一目瞭然である。母語とする言語は、いずれもゲルマン語の系統ではない。キリスト教徒であっても、その内実は、カトリック、ロシア正教、ギリシア正教であり、プロテスタントではなかった。なかんずく二〇〇万人以上が一度に流入してきたユダヤ系移民はキリスト教徒でさえなかった。したがってその異質性は際立っていた。

その上、かつての移民なら西部へと流れ、そこでの開拓者としての生活が彼らをアメリカ化する機能を果たしえたのだが、新移民に残された土地はもはやなかった。だがその反面、この時期のアメリカは産業化が急速に進展しており、労働者の需要は高まっていた。海外から流入してきたばかりで行くあてもない新移民の多くは、そのまま都市に留まり、低賃金ではあるが、食べる分の稼ぎを得るための労働にありつく事はできた。そして、英語もまだ満足に話せないまま、大都市の片隅に民族単位で集住するようになり、スラムを形成していくことになる。

しかし、それも束の間、一九二九年には、大都市の労働者たちに大恐慌が襲いかかり、彼らの多くは失業者として都市のいたるところで路頭に迷うことになる。そのような状況下で、世界的な広がりを見せていた共産主義ないしは社会主義思想が当然のことのように彼らを吸収していく。とくに、旧大陸にいた時代から、ロシア革命前後の状況に身をおいていたユダヤ系移民は、アメリカに渡ったあとも、ごく自然に街頭で展開する左翼運動に加担していった。ユダヤ系移民社会の出身でのちに文芸評論家となるアルフレッド・ケイジンが当時を回想している——「多くのアメリカ人がキリスト教徒であるように、私は社会主義者であった。私はつねに社会主義的環境のなかで暮らしていたのである」(1)。このような事情から、ユダヤ系移民には、民族的、宗教的〈非アメリカ性〉に加えて、政治的〈非アメリカ性〉が付け加わる。

他方、フォードのように〈非アメリカ的〉なものを排除しようとする勢力とはどのような集団なのだろうか。自分たちとは異なる人間や制度に対して寛容でない、いわゆる保守的な人々のなかでも、さらに極端な勢力をアメリカでは「ネイティヴィスト」（nativist）と呼ぶ。この用語は字義通り、「土着主義者」という意味では収まりきらない。アメリカの場合、「ネイティヴ・アメリカン」がアメリカ先住民を指すのであるから、それとの関連があるかのように思えるが、そうではない。

ここでいうネイティヴィストとは、白人プロテスタント、わけてもワスプの優位性と彼らの価値、すなわち〈アメリカ的〉なものを頑なに保持しようとする勢力を指す。したがって、彼らの言う「ネイティヴ」とは、「本来の」あるいは「生粋の」アメリカ人といった意味である。彼らは、アメリカの地に最初に足を下ろした入植者以来、アメリカの主流であり続けた生粋のアメリカ人であり、アメリカ建国時の信条は自分たちの自意識であると考える。

そのため、二〇世紀初頭に大挙してアメリカに移り住んできた新移民は、相容れない〈非アメリカ的〉存在ということになる。ネイティヴィストからすれば、新移民は、我慢ならない異人種と映る。無論、本来の「ネイティヴ・アメリカン」つまりアメリカ先住民は、考慮の対象にすらなっていない。

そして、このようなネイティヴィストの主張を裏付ける書物が一部のアメリカ人に読まれていた。一九一六年に出版された『偉大なる人種の終焉』（*The Passing of the Great Race*）という本で、弁護士のマジソン・グラントという人物が書いた。このなかで彼は、新移民は異質な人種で構成されており、それが故に、アメリカの社会的政治的構造、さらには、アングロ・サクソン及び北欧人種の伝統自体が破壊されつつある、と論じた。彼の理論は「科学的人種論」と呼ばれ、作家のフィッツジェラルドとヘミングウェイの各々が作品中でこの著書に言及していることで知られる。だがむしろ彼の理論は、アメリカ国内よりも、ドイツで台頭しつつあったナチズムに影響を与えたと言われる。(2)

2 ハリウッド・テン

第二次世界大戦にアメリカが参戦すると、総力戦体制に入り、人種や民族の違いを問題にする余裕はなくなった(日系人の強制収容は例外的な措置であった)。すなわち、すでに第1章で見たように、あらゆる民族的背景を持った国民が一丸となって敵と戦うという機運に満ちあふれていた。むしろ、アメリカ人のメンタリティのなかに潜む、〈アメリカ的〉と〈非アメリカ的〉の区別が政治の場面で顕在化するのは、大戦が終結してまもなくのことである。

一九四七年、連邦議会下院内に設けられた「非米活動委員会」で、聴聞が開始される。非米活動委員会とは、字義通り〈非アメリカ的〉活動や人物を調査するという意味の委員会であるが、ここで問題とされたのは共産主義である。第1章で触れたように、同委員会が最初に議会内に設立されたのは一九三八年であった。大戦後、ソ連の脅威が現実のものとなると、その活動はより活発化し、いわゆる「赤狩り」の主要舞台となる。そしてその矛先は、もともと〈非アメリカ的〉人種、つまりユダヤ人が多いとされていたハリウッドへと向けられる。

非米活動委員会は一九四七年に映画監督や脚本家一〇人を召還した。この一〇人が広く知られる「ハリウッド・テン」である。委員会で彼らは、現在ないしは過去における共産党との関わりを問われた。しかし、全員が言論と集会の自由を規定した憲法修正第一条を盾に、その質問に答えることを拒否し、議会侮辱罪で刑務所入りとなった。一〇人のうち六人がユダヤ系であった（アルヴァ・ベッシー、ハーバート・ビバーマン、レスター・コール、ジョン・ロースン、アルバート・モルツ、サミュエル・オーニッツ）。非ユダヤ系四人のうち二人は『十字砲火』（第3章参照）の制作に関係している。だが、これはいわば手始めであった。

その後、三〇〇人以上のハリウッド関係者が赤狩りの犠牲となり映画界を追われた。その多くはユダヤ系であった。また、チャールズ・チャップリンやオーソン・ウェルズなどの著名な映画人も犠牲となり、二人ともアメリカ国外に出ざるを得なかった。映画界を追放された者のうち、その後復職できたものは、全体のわずか一〇パーセントほどであった。

反共主義と反ユダヤ主義が結び付いたこの赤狩りは、ユダヤ系アメリカ人とアメリカ文化との関係の在りように深刻な影響を及ぼすこととなる。とくに映画という娯楽を提供し続けてきたハリウッド関係者は、アメリカにとって味方なのかそれとも敵なのかという疑念は大衆の中にも深く浸透していった。

このような状況を促進したのが、当時普及し始めていたテレビという新しいメディアである。非米活動委員会での聴聞会の模様は逐一テレビによって中継され、アメリカ人家庭の多くでその模様をつぶさに見ることができた。このテレビ中継は、大衆に一種野次馬的な娯楽を提供したであろうが、いつ委員会に召喚されるか分からない当事者のあいだには言い知れぬ不安が広がり、そしてその不安が恐怖感へと変化していく。なかには自殺する者もいた。(3) 執拗な追及は、彼らを心理的・経済的困難に直面させ、多くは無罪放免と引き換えに合衆国への忠誠と仲間への裏切りを強要された。

他方、ハリウッドを牛耳っていたユダヤ系モーグルたちは老齢化して、かつての勢いを失いつつあった。彼らは引退ないしは他界するかで業界の第一線から退き、ハリウッドへの逆風に対して有効な対応を取れないでいた。そればかりか、ハリウッドの経営陣は、自己保身に汲々としていた感がある。ハリウッド・テンのリストを提出したのも、多くのスタッフを職場から追放したのも、彼ら経営陣であったからだ。そのような消極的対応があだとなり、さらにはテレビという新しい映像文化の担い手の登場ということも相俟って、映画産業自体に陰りが見え始める。

むしろ逆風の中のユダヤ系アメリカ人の安全と地位の向上をもたらしたのは、反共・反ユダヤ的風潮に対して慎重な姿勢を保持しながら、アメリカ文化の中枢に参入しつつあったユダヤ系知識人たちである。彼らは大戦前に左翼知識人として出発し、一九五〇年代になるとにわかに文学界、論壇、ジャーナリズムなどの知的分野での活躍が目立ち始めていた。先に引用したアルフレッド・ケイジンもその一人である。

彼らは、ハリウッドのモーグルたちと同様ユダヤ・ゲットーの出身でありながら、映画産業とは全く縁もゆかりもないだけでなく、むしろ前世代のユダヤ人たちが築き上げてきた大衆文化全般に対しては否定的な姿勢をとり続けていた。この知識人の一群は、のちに「ニューヨーク知識人」と呼ばれるようになる。

3　ニューヨーク知識人

「ニューヨーク知識人」（New York Intellectuals）と総称される知識人集団は、一九三〇年代から五〇年代にかけて登場し、『パーティザン・レヴュー』（*Partisan Review*）や『コメンタリー』（*Commentary*）などの知識階層向けの雑誌を拠点として旺盛な批評活動を展開していく。彼らの評論は、文学、政治、社会、哲学、歴史、美術、演劇など多方面の分野にわたって影響力を持つに至り、アメリカ文化におけるユダヤ的知性の発現をもたらした。戦後のニューヨークは「西欧世界の知的首都」と呼ばれるまでになるが、その知的生活の大部分を担ったのはこれらのユダヤ系知識人たちである。

彼らはほとんどがニューヨークのユダヤ・ゲットーの出身で、ハリウッドのモーグルたちと出自を同じくするが、モーグルが移民一世であったのに対し、彼らは二世であった。このような世代の違いはことのほか大きく、とくにアメリカ社会への同化という点では、比較にならないほど開きがある。移民二世はアメリカに生まれているのであるから、教育も当然ほかのアメリカ人の子供と同じように普通の公立学校へ通い、もちろん言語的な問題もない。おのずとその生き方には違いが出てくる。

彼らが育ったゲットーの周辺には、第1章で見たようにユダヤ系映画人たちを育んだ映画館や劇場が数多くあった。それらは確かにユダヤ人たちの成功の場ではあったが、その猥雑さはしばしば一般的なアメリカ社会から白い眼で見られることも多かった。また映画産業や舞台で活躍したユダヤ人たちは、ほとんど教育を受けずにその世界に入って成功した者ばかりであった。貧乏ではあるが教育熱心なユダヤ人家庭で育った勉強好きの子供たちにとって、このような前の世代のユダヤ人たちは必ずしも自分たちのお手本ではなかった。むしろ彼らは、移民社会の貧困から逃れる方法として商売を選ぶよりは勉学に専念し、やがては高等教育を経て知的な分野で身を立てようと考える。

幸い彼らの多くが学んだニューヨーク市立大学は授業料がかからず、優秀であれば移民の子供でも自由に学問を身につけることができた。彼らが学んだ一九四〇年代のニューヨーク市立大学は、「移民の子供たちにとってのハーヴァードであった」と回想する知識人もいる。(4) 実際、当時の市立大は貧しくはあるが優秀なユダヤ系の学生であふれていた。その数は大学の全学生数の七八パーセントにも達していた。

移民の子供たちは誰しも〈成功の夢〉を見続ける。その夢の実現を知的世界に求めたにしても、知的成功はその過程でアメリカ社会に同化しきれない移民一世の親と、成功する子供との間に、文化的な乖離を生み出す。親にしても子供の成功を念願するのだが、子供が大学に入り、知的に成熟するにつれてアクセント（当時のゲットーの住民にはイディッシュ語のなまりが強かった）が変わり、生活習慣が変化するのを見ると、一抹の寂しさを感じる。だがその親よりも子供の方が、その文化的差異と自己意識の変化に敏感である。アルフレッド・ケイジンはその頃を次のように回想している。

当時、わたしは自分が全てのものの外に立っており、永久に異邦人であり続けるのではないかという気がした。（中略）自分はまだアメリカの外部にいる人間なのだと感じていた。(5)

このような感懐は多くのユダヤ系知識人が共有するものである。だがこの疎外感は、当時のアメリカのメインストリーム文化がいかにユダヤ人の参入を拒んでいたかを物語っていると同時に、ユダヤ系移民社会の閉鎖性をも指し示している。このような状況を克服するために、彼らはアメリカの歴史、社会、文化に関する読書へと駆り立てられる。ケイジンはその心理状況を次のように書いている。

私は本を読んだ。まるで書物が私のすべてのギャップを埋め尽くし、アメリカの過去に対する私の奇妙な探求心を正当化し、全ての傷を癒し、ついにはブラウンズヴィル（ニューヨークのブルッ

クリン地区にあるユダヤ・ゲットーの一つ）の外にある世界へと私を請じ入れてくれるかのように。(6)

彼らは自らに課した猛烈な知的訓練によって世界と折り合いをつけようと試みる。そのようなニューヨーク知識人の思想的傾向に特徴的に見られるのは、一種の普遍主義志向である。ゲットーに花開いたイディッシュ文化ないしはそこから派生的に生まれた大衆文化よりは、一民族の特性とは無関係のより普遍的な文化や思想こそが彼らの求めるものだった。それによってユダヤという特殊性に起因する周囲の差別感情を回避することができるからだ。彼らがゲットーを抜け出て〈外にある世界〉に入り込むには〈普遍性〉という切符が必要だったのである。

したがって彼らの文化的関心は、民族との関わりの強い前世代のロマン主義ではなく、現代の普遍的状況に関わるモダニズムやアヴァンギャルドへと向かう。また思想的には、ゲットーの環境の一部であった社会主義からさらに急進化して、世界革命を目論むトロツキズムへと発展する。またその際、一国社会主義を掲げ全体主義化を強めるソ連のスターリンには真っ向から反対することとなる。

4　アヴァンギャルドとキッチュ

このような傾向を典型的に示しているのがクレメント・グリーンバーグの評論「アヴァンギャルドとキッチュ」である。この評論は一九三九年に『パーティザン・レヴュー』誌に掲載され、今日では前衛芸術論の古典として知られている。このなかでグリーンバーグは、現代の相対立する二つの文化現象である「アヴァンギャルド」と「キッチュ」を対比させながら分析を行った。

アヴァンギャルドとは、二〇世紀初頭にあらゆる芸術分野にわたって興隆した最新の芸術運動すなわち前衛芸術のことである。前衛であるが故に同時代の人々にとっては難解であるという特徴も持つ。グリーンバーグは「大衆はつねに、その程度の差はあっても、発展過程にある文化には無関心であり続けてきた」のであり、前衛文化はむしろ支配階級に依拠してきたと考える。

社会的基盤がない、つまり安定した収入が得られないところで文化は発展することはない。アヴァンギャルドの場合、支配階級出身のエリートたちにそのような基盤があった。このエリートたちは、自分たちは社会から切り離されていると考えているが、しかし相変わらず金銭という命綱によってその社会と結び付いている。この逆説は現実のものである。そして今やこのエリートたちは急速にその勢いを失いつつある。したがって、現在我々の手元にある唯一の生きた文化を形成してきたのがアヴァンギャルドであることを考えれば、文化全般の将来の存続は脅威にさらされているということになる。(7)

アヴァンギャルドにとっての最大の脅威の一つを商業主義であるとグリーンバーグは指摘する。この商業主義を文化に持ち込んだものが「キッチュ」であり、アヴァンギャルドが「前衛」であるのに対して、キッチュはいわば「後衛」であるという。例として挙げているのは、光沢のあるしゃれた表紙で飾られた雑誌（たとえば『ニューヨーカー』や『ヴァニティ・フェア』）、そのなかにあるイラスト、広告、商業美術、大衆小説、漫画、そしてティン・パン・アレーの音楽、タップ・ダンス、ハリウッド映画などである。

キッチュの発生には、産業化によって生まれた都市大衆の文化的欲求が関係している。都市に流入した大衆が、プロレタリアートあるいはプチ・ブルジョアとして定着したとき、彼らは産業の効率化の一貫として一定の教養を身につけるようになる。その派生的な結果として、新しい都市の住民たちにとって、それまでの農村生活で享受していたような民衆文化は退屈なものに思えてくる。だが、伝統的な都市文化いわゆるハイカルチャー（高級文化）を理解するに至るまでの時間的余裕や精神的なゆとりは持ち合わせていない。したがって、このような都市大衆は自分たちの身の丈に合った新しいタイプの文化を求めるようになる。そうして生まれた文化がキッチュである、とグリーンバーグは考える。

キッチュの性格付けをさらに行なうと、それは「代理の経験で、偽の感覚」であり、「スタイルに応じて変化するが、いつも同じ」であり、「現代生活のまがいもののすべての典型」である。その発展は産業主義がもたらした大量生産システムに関係しているため、その勢いは抗しがたく、本来のハイカルチャーまでもが巻き込まれるような情況にあるという。グリーンバーグのこのような考え方は当時のニューヨーク知識人の文化観を代表するものであり、彼らの大衆からの離反を予感させるものであった。(8)

5　状況への適合と大衆からの距離

一九五〇年代、ニューヨーク知識人の多くはアメリカ各地の大学の教壇に立ち始めていた。一つには、戦後アメリカにおいて戦争からの帰還兵たちに高等教育を施す必要が出てきたため、大学教育自体が拡大し、それにともない知識人の需要が高まったという事情。もう一つには、彼らが自発的に培ってきた知的素養、とくにモダニズム文化の先端的理解とマルクス主義および共産圏に関する独自の知見が戦後アメリカにとって有用性を増したという事情がある。

また、ナチスに追われて渡米してきたヨーロッパからの亡命知識人の多くがユダヤ系であったということも幸いした。これらのヨーロッパ出身のユダヤ系知識人はアメリカ各地の有名大学に招かれて学界で重きをなすこととなり、アメリカで生まれ育ったユダヤ系知識人の大学への進出を側面から助けることとなった。アメリカ生まれのニューヨーク知識人は、亡命知識人たちがヨーロッパからもたらした最新の学問的業績を積極的に吸収することに努め、両者があいまってアメリカの学問的地図を大きく塗り替えていくことになる。

このような条件が重なり、ニューヨーク知識人たちには、危惧していた赤狩りの災禍が及ぶことはなかった。そればかりか、彼らが戦前から続けてきていた反スターリン路線の評論活動や政治活動を通じて、彼らが旧左翼ではあっても、鉄のカーテンの向こう側の手先でないことが次第に明白になり、冷戦時代におけるアメリカ・リベラルの重要な論客と見なされるまでになった。このような展開は冷戦という一種の政治的ヒステリー状況が生み出した偶然というよりほかない。

この間、彼らの知的世界への進出は急速に進展し、次々と大学などの高等教育機関へ参入していく。また評論においては、政治だけでなく芸術分野全般でも目を見張るような活躍をするようになり、それまでのアメリカにはなじみの薄かった精神分析や実存主義の思考方法を導入するなど批評全般における視野の拡大をもたらした。戦後アメリカの知識階層は彼らユダヤ系知識人の意見に積極的に耳を傾けるようになっていた。

このような事情を背景に、一九五二年、『パーティザン・レヴュー』誌上で一大シンポジウムが行われる。それに冠せられたタイトルは、「我らの国、我らの文化」(Our Country and Our Culture) である。アメリカ文化に対する疎外感から出発したユダヤ系知識人が、このシンポジウムで「我らの」という言葉を使用している点は極めて興味深い。

このシンポジウムは、一九五二年の五月から三号にわたって掲載された(同誌はこの当時、隔月で発行されていた)。合計二四人の論者が誌上で意見を述べるが、このなかにニューヨーク知識人の主だったメンバーがほとんど含まれている。

まず、「編集者の声明」(editorial statement) として問題提起が行われた。アーサー・シュレジンガーはそれを次の二つの事項に集約して示している。

① 知識人のアメリカに対する態度の変化
② 大衆化社会における文化の見通し[9]

①に関しては、知識人の政治的姿勢、とくに冷戦体制への対応という政治問題で、シンポジウムのなかで反ソ連＝反スターリン主義は、程度とニュアンスの違いがあるにしてもどの論者にも共通の了解事項であった。②に関しては、急激に拡大しつつある大衆文化に対して、知識人がいかに対応すべきか、という文化に関わる問題で、彼らの多くが悲観的展望を示している。

彼らがとくに問題にしたのは、マス・メディアによる価値の一元化ないしは画一化である。つまり、知識人が独占してきた諸価値、豊富な知識と洞察力に裏打ちされた高度な政治的文化的判断、これらがメディアによって通俗化され、その本源にあった精妙な知的メカニズムが台無しになっている状況である。この問題は、文化的多元性のみならず政治的多元性をも脅かしているように思われた。

赤狩りの様子がテレビという映像メディアによって大衆の目に曝されたとき、政治と世論の流れは一挙に反共に向かった。ニューヨーク知識人がアメリカ共産党との確執の中で独自に培ってきたはずの反共産党＝反スターリン主義は、このとき大衆化したのである。一方、マス・メディアの所産である大衆文化は、文化的価値を広く分配するという意味において、民主主義の帰結の一つであるが、その広義の民主主義自体が彼らの知的生活と相容れない性質を持っているともいえる。社会学者デイヴィッド・リースマンは皮肉をこめて次のように言っている。

民主主義とは、知識人たるものが、どのような社会的階級に属していようとも、非知識人とその生活様式に息苦しい思いをさせられるだけでなく、根底から揺さ振りをかけられる、という意味である。(10)

ここには、ニューヨーク知識人のジレンマが如実に表れている。すなわち、政治的な意味での民主主義の擁護は、彼らのこれまでの経歴から当然のことであるが（反スターリン主義はその最たるもの）、グリーンバーグの議論で見たように文化的な意味での民主主義、すなわち大衆文化（キッチュ）は、容認できるものではない。ニューヨーク知識人の政治的民主主義と文化的エリート主義という微妙な食い違いは、その後も様々な形で彼らの生き方と批評活動に影響を及ぼす。

6　若者文化への反発

ニューヨーク知識人の文化的エリート主義は、若者たちの新しい文化によって揺さぶられる。最初の揺さぶりは、一九五〇年代のジャック・ケルアックやアレン・ギンズバーグなどを中心とする「ビート・ジェネレーション」によるものである。とくに、ジャック・ケルアックの『路上』（一九五七）は、既成の価値観を根底から揺さぶろうとする若者たちやビートニックたちの反抗を象徴する作品として、多くの若い世代の共感を呼び、文学のみならず美術や音楽などの広範囲な文化運動に影響をもたらした。

麻薬、ジャズ、アルコール、セックスに耽溺する若者たちの風俗を赤裸々に描いたこの作品は、産業化と軍事大国化が急速に進展する戦後アメリカ社会の動向とその圧力に反発あるいは拒絶の姿勢を示し、人間の本性に根ざす自由な精神を追い求める、ビート・ジェネレーションの聖典ともいえる作品である。

ニューヨーク知識人はこぞってこの若者文化に反発する。ケイジンは、『路上』が出版された一九五七年の彼の日記のなかで、この作品には「ロマンティックな支離滅裂さ、暴力への憧れ、犯罪への傾斜」があるとし、さらにはそれを言い換えて「暴力による自慰的な陶酔」と表現している。[11]無政府主義者のポール・グッドマンさえも、ビートの表現力の乏しさに言及し、「規範とすべき文明とその

ている。(12)

知的成果からの後退」であるとし、また「彼らが文学も政治も一切知らない」ことに失望したと言っている。[12]

アーヴィング・ハウは、「知性を軽んずるという点では、彼らは自分たちが馬鹿にしている郊外の中産階級とまったく同じである」という見方をする。つまり、明瞭な問題意識や反発するための確固たる原則を欠いた彼らの支離滅裂さは、彼らが疎ましく思う社会の混乱を反映したものであり、大衆社会と同様、何ら明確な展望もなく、ただ夢だけを持っているに過ぎない、と批判する。

ニューヨーク知識人のビートに対するこのような反発は、この時代にはびこる大衆社会の風潮、すなわち歴史学者リチャード・ホフスタッターが指摘するところのアメリカ社会にもともと内在する「反知性主義」に対する反発といっても過言ではない。このような若者の文化は、サブカルチャーとしてその後も様々な様相で彼らの前に登場する。一九六〇年代には、反体制運動と連結してヒッピー・ムーヴメント、それに付随するドラッグカルチャー、ロック、カウンターカルチャーというかたちで立ち現われてくる。

第12章　六〇年代文化への対応

1　ニューレフトとカウンターカルチャー

一九六〇年代に入ると、ベビーブーム世代が大学に進学するようになり、戦争を経験していない若者たちがにわかにアメリカの政治と文化に対して自分たちの主張を展開するようになる。この現象は、先進諸国のあいだでほぼ同時期に起こったもので、日本においても同様であった。彼らは親の世代の価値観や道徳観に対して異議申し立てをする。それを大学という場所で政治化したものがニューレフトの運動である。

この時期には、前述のニューヨーク知識人たちはすでにアメリカ各地の大学で教鞭をとるようになっており、学生たちと対峙する立場となっていた。彼ら自身はかつて急進派の左翼主義者だったが、すでにソ連を中心とする既成左翼との確執を経ていただけに、カストロや毛沢東などを信奉する学生たちの姿勢には反発せざるを得なかった。

ニューレフトの運動には、もう一つ別の要素がともなっていた。カウンターカルチャー（対抗文化）である。これは、既成の文化の枠組みを逸脱したものとして、かつてビート・ジェネレーションが若者文化に浸透させたサブカルチャーが、ニューレフトの活動と連動して反体制的要素を強化した文化である、というのが一応の定義になるかと思われる。だがこの新しい文化は、本来政治運動体であったニューレフトを蚕食するかたちで入り込んだものである。

マリファナ、ＬＳＤ、長髪と長くのばした髭、サイケデリックな服装や音楽、フリー・セックス、このような風俗がいつしかニューレフトのなかに入り込んで、反体制運動と一体と見なされるようになる。この様子は、一九六七年の国防総省へのベトナム反戦大行進の模様を活写したノーマン・メイラーの『夜の軍隊』（一九六八）にも詳しく描かれている。この作品には次のような一節がある。

最初はヒップスターと呼ばれ、それからビートニク族、ついでヒッピー族と呼ばれたあの大都市アメリカ人の不可思議なグループ（中略）この不可思議なヒッピー族が、アメリカの精神生活への危険な浸透者――赤！と結びついていると聞かされた軍隊は、唇に毛深いキスをされるのか、それとも股間へ爆弾を投げつけられることになるのか、全く分からない。どちら側もそれぞれ自分で描いている悪魔の観念と直面し合っているのである。(1)

「軍隊」（州兵）の末端の兵士たちにとっては、デモ隊がどういう人間たちによって構成され、どのような理念を持っているか定かではない。むしろこのような風俗が「赤」と結びついているのを知るのは、上官の説明よりはマス・メディアが流したイメージを通してである。

この風変わりな文化は、イデオロギーではなく、まず何よりもライフスタイル、あるいは風俗として若者たちのあいだに浸透していく。「メイク・ラブ、ノット・ウォー」「政治にエクスタシーを！」「すべての人にドラッグを」がスローガンの一部であり、この文化の担い手たちは自らを「イッピー」（Yippie）と称した。

マス・メディアは彼らの動向を盛んに追いかける。彼らは大衆の見ている前で、つまりテレビカメラの前で、卑猥な言葉を吐き、マリファナを吸い、また実際にセックスにまで及んだ。そこに見られるものは、日常性の打破、物質文明への嫌悪、既成の価値観への訣別である。彼らの文化は、ビートを起源とするサブカルチャーの流れをくみながら、一方でフランクフルト学派のマルクス主義とフロイトの理論、とくにハーバート・マルクーゼの著作『エロス的文明』（一九五五）によって理論武装しているようにも思えた。なお、フランクフルト学派は、ナチスによりドイツから追放されたユダヤ系知識人の集団であった。

かつて旧左翼の揺りかごであったマンハッタンのローワー・イースト・サイドは、いまやヒッピー文化、つまりカウンターカルチャーのメッカとなった。そこでは、ダダイズム、シュールレアリスムなど、かつてのヨーロッパ・アヴァンギャルドの流れを汲む芸術、あらゆる種類のストリート・パフォーマンス、アングラ劇などが、アメリカ的〈日常〉をたたき壊していた。

泥沼化するベトナム戦争のおかげで、かつてのアメリカ的美徳すなわち、正義、道徳、自由の意味が崩壊し、無垢なるアメリカは幻想と化していた。さまよえるヒッピーたちのなかには、新たな理想を求めて、物質文明から離れて原始共産主義的な村「コミューン」を作り、そこでドラッグとフリー・セックスを享受しながら自給自足の生活を始める者も多くいた。

だが基本的には、カウンターカルチャーはイデオロギーよりはイメージ、理論よりはパフォーマンスが優先する類の文化であった。フロイトの言葉でいえば「超自我」よりも「イド」を優先させる指向性を持つ。また文化的には、ハイカルチャーよりはマス・カルチャーを指向する。なぜならマルクーゼによると、「ハイブラウな芸術は所詮現状容認の上に成り立つものに過ぎないが、大衆芸術は社会の一元的囲いこみの呪縛から解放する力を持つ」からだ。[2] カウンターカルチャーは、ハイブラウな知性や価値に対しては敵意さえ抱く。ここにニューヨーク知識人との確執の根源がある。

2　知的親子関係

カウンターカルチャーは、かつてニューヨーク知識人が既成のアメリカ文化に対抗したときのように、彼らに先行し確立されていたアメリカの知的生活に反旗を翻した。ここには、抑圧する父親と反抗する息子というういわばエディプス・コンプレックス的構図がある。したがって、前述のカウンターカルチャーの特徴はことごとく、超自我に対するイドの反抗の様相を物語るということもできよう。

ニューヨーク知識人の一人、ライオネル・トリリングは、このような事態については、かつて自分たちが熱心に唱道したモダニズムのなかにその原因があるのではないかと危惧している。当時モダニズム文学は、すでに大学の必修授業に取り込まれ、その価値を教授たちが若い学生たちの頭に注ぎ込んでいた。トリリングは、そのようなモダニズム文学自体に「文化そのものに対する幻滅」「文明に対する敵意」「反文化」といった指向性があったのであり、若者にそれを教えることがカウンターカルチャーを招来したのではないかと案じるのである(3)。

たしかに文化史的に見れば、カウンターカルチャーの持つ反逆性あるいはニヒリズム的性向は、それに先行したモダニズム文化の最終的帰結の一つであると言えるかもしれない。そして、トリリングだけでなく、ニューヨーク知識人の多くが、モダニズムの擁護とその唱道という姿勢を維持したまま、一方で、その結果であるカウンターカルチャーに強硬に反発したのも事実である。

ダニエル・ベルは、その著書『資本主義の文化的矛盾』（一九七六）のなかで、この皮肉を鋭く指摘している。しかしベルは別のところで、モダニズムから派生した「反文化」(adversary culture) と一九六〇年代の「カウンターカルチャー」を区別している。それによると、反文化はいわゆる「真面目な文化」の一つの局面であり、「歴史的混沌に囚われている精神的状況とそれに起因する無の感覚」を明確に表現したものである。そしてそこには、「ブルジョワ社会と文明の持つすべての束縛を粉砕」しようとする根源的意図があるとする。

一方、カウンターカルチャーは、「アメリカのブルジョワ的生活に顕著に見られるような、快楽の追求、興奮の追求、センセーショナルなものの追求というようなある種の享楽主義的要素から派生したもの」であり、それはとくに大学というブルジョワ的環境が育んだ文化だとしている。またさらに、反文化はハイカルチャーの所産の一つであるが、カウンターカルチャーはマス・カルチャーから生じた自堕落な形態の一つである、とも言っている(4)。

カウンターカルチャーには、その重要な要素の一つとして、「麻薬文化」といわれるようなものがともなっていた。麻薬による日常性からの逸脱が、非理性主義、神秘主義への傾倒を生み、ときにはそれが超越主義的な宗教へと変化し、ヒンドゥー教や仏教の要素、あるいはキリスト教の終末思想を取り入れた、怪しげな新興宗教として若者のあいだに広がっていった。

ニューヨーク知識人のなかで、無政府主義的要素をその思想のなかに色濃く持ち、学生たちからも多くの支持を集めたポール・グッドマンのような人物でも、このような不可思議な様相に疑問を呈した。

私は、世界中に広がった学生たちの抵抗運動は、私が共感しうるような政治的・道徳的な変革と関係のあるものだと考えていた。だが今私が思うのは、一六世紀の宗教改革ほどの規模を持つ宗教的危機に、我々は対処せねばならないということだ。(5)

グッドマンは、若者が政治の領域に宗教的要素を取り込んだことに強い不信感を抱かざるをえなかったのである。

他方、カウンターカルチャー批判の強硬派の一人であるシドニー・フックは、学生たちが現実的な価値判断よりも、道徳的価値判断にとらわれ硬直化していることに不満を抱く。彼によると、若者は「ただ、正しいか間違っているか、善か悪かのどちらか」しか見ようとせず、そのため大局を見通す視点を失い、状況に対して短絡的な対応しかできない。なぜなら、彼らは歴史を忘れ、今現在の善が永遠の善であり、今現在の悪が永遠の悪だと思い込んでいるからである。(6)

ニューヨーク知識人たちのこうした反応に対して、カウンターカルチャーないしニューレフトの若者たちは反発し、ますます過激化する一方であった。それはいわば、旧世代知識人のリベラリズムに対する、若者のラディカリズムの挑戦でもあった。皮肉なことに、一九六〇年代後半のラディカリズムをリードした批評誌『ニューヨーク・レヴュー・オブ・ブックス』の編集にあたっていたジェイソン・エプスタインとロバート・シルヴァースも、ニューヨーク知識人の流れを汲むユダヤ系知識人であった。また、学園紛争を指導したニューレフトの組織「民主社会を求める学生同盟」（SDS）の主要メンバーの中にも多くのユダヤ系学生がいた。

一九六九年、ニューヨーク州ウッドストックでは、反戦をスローガンとしたロック・コンサートが開催された。そこには全米各地から四〇万人もの若者が集い、数日間ロックのビートとマリファナに酔い痴れた。また同じ年、サンフランシスコ近郊のアルタモントではローリング・ストーンズがフリー・コンサートを開き、三〇万人が集まった。そこではカウンターカルチャーから派生的に出てきたヘルズ・エンジェルズ（アメリカ版の暴走族集団）が警備にあたり、彼らのバイクにぶつかって銃を抜いた黒人ファンを殺すという事件が起こった。

ロックと麻薬に象徴されるカウンターカルチャーは、もはや末期的な様相を呈していた。翌一九七〇年、ウッドストックのステージを飾り、カウンターカルチャーのカリスマ的存在であったミュージシャン、ジミ・ヘンドリクスとジャニス・ジョプリンが急死する。両者とも麻薬の過剰摂取が死因だった。

3　スーザン・ソンタグの「キャンプ」

一九六〇年代の激動する文化状況のもとで、ニューヨーク知識人の系譜のなかから新しいタイプの批評家が登場する。その代表格に当たるのがスーザン・ソンタグである。ソンタグが一九六四年に『パーティザン・レヴュー』誌に発表した評論「〈キャンプ〉についてのノート」は、文化観ないしは大衆文化観についての前の世代との差異を明確に表明したものとして注目に値する。ソンタグはこの評論で、キャンプという概念に包含される文化の在りようを五七の項目に分けて、「陳列」する。陳列という方法を取るのは、このキャンプは一種の感受性であり、これに共感を示す者は、それを分析的に論じるスタンスを取ることができないからだとしている。

この文化あるいは感受性の特徴は大方こうなる——内容の軽視とスタイルの重視、非政治的、軽さ、都市的、装飾的、審美的、両性具有的。またその具体的な例としては、ジャン・コクトーの作品、リヒャルト・シュトラウスのオペラ、ティン・パン・アレーとリヴァプールの音楽の融合、アールヌーヴォー、ガウディの建築、ジャン・ジュネの作品、そして非芸術的な三流映画やファッショナブルなレストランなどまで含む。

ソンタグによると、「余りにも良すぎて、〈キャンプ〉ではない」とか、「余りにも重要すぎて、つまり十分にマージナルではないため、〈キャンプ〉ではない」という言い方を可能にする感受性のことでもあり、多くの実例は、「〈真面目な〉観点からすれば、質の悪い芸術でもあり、またキッチュでもある」ともいう。ソンタグの芸術観の真骨頂は、このような逆説に如実に表れている。

また、ソンタグは、キャンプは自意識的なキッチュであり、その作品は作者自身よりも観衆の感受性に寄り添っている、と指摘する。つまり、ロマン主義以降の芸術作品が「真面目に」取り組んできた自己表出よりも、観客の楽しみをすすんで共有し、観客とともに戯れるような感受性ともいえるし、〈遊び〉の感覚ともいえる。また、キャンプという言葉が本来持っている「野営」という意味から、固定的でない、本当ではない、仮の、といったニュアンスも含ませているのであろう。

しかし、このソンタグの文化観も、旧来のニューヨーク知識人の伝統を引いていないわけではない。彼女によるとキャンプの感受性は、「エリートの特権」、「現代におけるダンディズム」、そして「キャンプは、マス・カルチャーの時代においていかにダンディーであるかという問題に対する回答である」と述べており、ニューヨーク知識人と同様のエリート主義的な姿勢が見てとれるからである。

さらに、キャンプは、「気取り」や「貴族主義」の趣味であり、貴族階級のいない現在では、それを主に担うのは「同性愛者」であるとする。この構図は、グリーンバーグが、アヴァンギャルドは「支配階級のエリートたちに基盤がある」と認識していたときのものとよく似ている。ソンタグのキャンプは大衆文化を射程に入れているとはいえ、基本的には、グリーンバーグのアヴァンギャルドと同様、少数の文化的エリートたちによって担われる性質であるようだ。

ここで注目すべきは、ソンタグが、同性愛者とユダヤ人を文化的エリートとして同列に扱っている点である――「ユダヤ人と同性愛者は、現代の西洋文化における、傑出した二つの創造的マイノリティである」(7)。社会的にマージナルな存在こそが、キャンプという新しい感覚にふさわしいということなのだろうか。このように自らのユダヤ性や同性愛者としての立場を前面に出すことは、一九五〇年代までのユダヤ系知識人にはありえなかった。だが、一九六〇年代に入って、にわかに黒人や女性が自己主張をするようになるが、このような社会の動きがこうした言説の背後にあるという見方も可能である。

ともあれ、ソンタグが旧世代のユダヤ系知識人と大きく異なり、彼らの文化観との訣別を印象づけるのは、次のような一節である。

キャンプの様々な経験は、ハイカルチャーの感受性が洗練されたものを独占しているのではないという発見に基づいている。キャンプは、良い趣味が単純に良い趣味ではなく、悪い趣味に関する良い趣味も実際にある、と主張する。(中略) 高尚で真面目な喜びにこだわる人間は喜びを自分から奪っているのであり、自分が喜べるものを絶えず限定しており、自分の良い趣味の実践を継続するなかで、最終的にその人間は、いわば自分に法外な高値をつけて買い手がつかなくなってしまうだろう。(8)

「高尚で真面目な喜びにこだわる人間」とは、ハイカルチャーの擁護者であった前世代のニューヨーク知識人を指していることは明らかである。ソンタグのキャンプは、一九六〇年代という、政治的にも文化的にも、アメリカが大きな曲がり角にさしかかり、旧来の固定的な芸術観が文化の現状に対応しきれなくなった状況に対する、アイロニーともいえる。そしてこのような反応は、この時期に起こった、ポップ・アートやカウンターカルチャー、そしてポストモダニズムなどとも関連を持つのである。

4　大衆への恐れ

ニューヨーク知識人がニューレフトとカウンターカルチャーに強く反発したことには、彼らのユダヤ性あるいはユダヤ人としての過去の経験に関わっていた。ダニエル・ベルは、スターリン主義とホロコーストはともに自分たちの世代にとっては「トラウマティック」すなわち精神的外傷となる経験であったと述べ、「大衆行動への恐怖とでも呼ぶべきもの」が彼らの世代にはあるという。つまり彼らのいずれもが、「大衆が一旦コントロールを失い、暴徒に変化すると、何が起こるか」を歴史から学んでいるが故に、この世代のなかには「ある種の大衆行動に対する恐れ、つまり社会を辛うじて結びつけている脆弱な絆を打ち砕くような、一種の騒乱状態に対する恐れというものが存在する」。そしてさらに、彼自身が教員として実際に関わった、一九六八年のコロンビア大学における学生の反乱はそうした恐怖を「直接的に呼び覚ました」と語っている。

このような大衆行動への恐れは、彼らのユダヤ人としての迫害の歴史に起因するだけでなく、ユダヤ教のなかにもその根源の一部を有する。ベルによると、ユダヤ教の教えには動物的なものに対する忌避感があるという――「人間は怒り狂う獣であり、その獣性を抑えるものは唯一強靭な精神に貫かれた法のみである。それが故にユダヤ教ではつねにシンボルとしてのトーラ、つまり戒律が大事にされるのである」(9)。このユダヤ的教訓は、彼らの長い迫害の歴史のなかで繰り返し再認識され、その宗教への加担の度合いにかかわらず、自らを守るためのいわば本能の一部として彼らの血のなかに受け継がれてきた民族の知恵とも言えよう。

前章で見たごとく、一九六〇年代末、ニューヨーク知識人が、その立場の違いがあったにもかかわらず、ほぼ一様に学生の反乱に対して反発した理由の一端がここにある。少なくともベルの世代までのユダヤ系知識人は、大衆運動のなかにある獣性を直観的に感じ取る感受性を保持していた。大衆とは、主体的かつ理性的価値判断によってではなく、扇動によって行動する人間たちであり、彼らの運動が高じれば、様々な個別性、差異、複雑なメカニズム、精妙な価値の在りようは無視されて敵か味方かの二元論的な価値観が支配し、ときには反道徳的、非人間的行為さえも群集心理のなかで正当化されうる。

このような認識は、ヒトラーのヨーロッパ、スターリンのロシアにおけるユダヤ人の運命を同時代人として目撃したユダヤ系知識人が共有するものである。これらの迫害は、人民あるいは民族の名のもとに、そしてそれよりも前は神の名のもとに、大衆のなかに喚起された熱情とともに遂行されたものであった。どの地にあっても少数派でマージナルな存在であったユダヤ人にとって、大衆の熱情ほど危険に思えるものはない。

ハンナ・アーレントが『全体主義の起原』(一九五一)で反ユダヤ主義と全体主義の関連を明らかにしようとしたのも、リチャード・ホフスタッターが『アメリカの反知性主義』(一九六三)でアメリカ文化におけるポピュリズム(人民主義)に関心を寄せたのも、このような大衆への恐れがあったからである。大衆とは彼らユダヤ系知識人にとっては、生命さえも脅かす御しがたい存在と映るのである。

ロシア革命で見るごとく、トロツキーをはじめとするユダヤ系思想家が革命の理論的指導者であったとしても、運動が大衆化する段階でいつのまにか周縁に追いやられ、迫害の対象にすらなる。ニューヨーク知識人はこのことを体験的に熟知している。彼らの多くがマルクス主義から出発しながらも、大戦前に共産党の「人民戦線」の欺瞞を見抜き、反スターリン主義を通過した後、リベラル社民主義あるいは非政治的なリベラル知識人に落ち着くに至るまで、共産主義運動、マッカーシズム(赤狩り)の両方から距離を置いていたのは、それが熱情をともなう大衆運動であったからである。

このような流れで見れば、一九六〇年代後半のニューレフトとの対立は、至極当然の成り行きであったかのように思われてくる。しかし、トッド・ギトリン、ジェリー・ルービン、アビー・ホフマンなどのニューレフトのリーダー、そして上層部から下層部に至るまで相当数の活動家がユダヤ人の子弟であったことは、問題を複雑にする。単にニューヨーク知識人とニューレフトとの「エディプス・コンプレックス的関係」として図式化するだけでは済まないだろう。この新しい世代は、移民の歴史を引きずっていた前の世代よりも、よりアメリカ化された、あるいは初めから完全にアメリカ人であった、というのが一つの答えになるかもしれない。

彼らは最初から中産階級の家庭に育ち、当然のことのようにアメリカの一流大学へ進学した。彼らがマルクス主義と出会うのは、貧困からの自己救済のためではない。反抗のための理論的支柱が必要だったからである。豊かな社会にありながら、漠然とした不安を抱く、そして彼らの前にはビートの文化があった。反抗し破壊することが一つの流行たりえたのである。その意味で彼らの運動が一つの大衆運動であったことは間違いない。ニューヨーク知識人はそれに〈反抗〉したのである。また、彼らがカウンターカルチャーに対抗して、ハイカルチャーを擁護し、学問的権威と理性を重んじた一つの理由は、この若者の文化のなかにニヒリスティックな無秩序、逸脱への性向、あるいは人間の奥底に潜む獣性の顕在化を感じ取っていたからである。

第13章　キッチュをめぐる議論

1　誌上シンポジウム

一九三九年にクレメント・グリーンバーグが論じた「キッチュ」（第11章参照）は、発表から半世紀後、再びユダヤ系知識人の関心を集めることとなった。一九九〇年、アメリカの人文社会科学系の雑誌『サルマガンディ』（*Salmagundi*）の主催で、「キッチュ」をめぐるシンポジウムが開かれる。このシンポジウムには、現代を代表する論客二四人が呼ばれ、そのすべての議論が一一四頁にわたってその年の同誌冬・春号に掲載されている。顔を揃えた参加者のほとんどは、アメリカ内外のユダヤ系知識人で、その中にはスーザン・ソンタグ、アーヴィング・ハウ、スタンリー・カウフマンらも含まれていた。(1)

主催者側の序文には、シンポジウム開催の背景が記されている。開催の最大の契機となったのは、一九八四年にアメリカ版が出版され話題となったサウル・フリードレンダー著『ナチズムの美学――

キッチュと死についての考察』（原著はフランス語版で一九八二年出版）であった。[2] ナチズムとキッチュの関係を詳細に論じたこの著作を得たことで、多くのアメリカの知識人たちは、初めて、全体主義政治のなかで果たしたキッチュの役割の重大性を痛感することとなった。そして、「クレメント・グリーンバーグやヘルマン・ブロッホらによる古典的なキッチュ論がいまでは不十分なものであるかのように思えた」(198) とさえ主催者は述べている。

つまり、この序文からは、一九三〇年代から四〇年代にかけて欧米のユダヤ系知識人によってたびたび論じられたキッチュを、単に文化や芸術の問題としてだけでなく、政治的文脈にも注意を払いながら、このシンポジウムの場で再検討しようという主催者側の意図が読み取れる。また、フリードレンダーの著作と同じ年に英訳された、ミラン・クンデラの小説『存在の耐えられない軽さ』[3] にも触れられており、「反キッチュ的実存小説」とも呼ばれるこの作品がキッチュに対する世間の関心をにわかに集めていた状況も、シンポジウム開催の背景の一部をなしていた。

本章では、このシンポジウムで展開されるキッチュに関する様々な議論を足がかりに、そこから敷衍しながら、その一方で、諸議論の出発点であり前提となっている過去のキッチュ論との関連を確認していく。とくに欧米のユダヤ系知識人にとってキッチュとはいかなる意味を持つものであったのか、またさらに、過去から現在に至るまで、何故ユダヤ系知識人は、キッチュにこれほどまでにこだわり続けるのかを考えることにする。

2 先駆的キッチュ論

文化論ないし芸術論のなかでキッチュが周到に議論されるようになるのは、一九三〇年代になってからである。その先鞭をつけたのは、オーストリアのユダヤ系作家ヘルマン・ブロッホであった。ヒトラーが政権についた一九三三年二月、ブロッホは、ドイツ社会民主党主催の人民大学で「長編小説の世界像」と題する講演を行っており、キッチュと文化について論じている。さらにはこの講演内容を下敷きにして評論「芸術の価値体系のなかの悪」を書き上げ、同年八月に文芸誌『ノイエ・ルンドシャウ』（*Die Neue Rundshau*）に発表している(4)。このなかでブロッホは、真なる芸術が善であるならば、キッチュは悪であるとし、近現代の芸術状況下でキッチュがもたらしつつある害悪を論難する。なぜなら、キッチュは芸術が本来持つべき道徳的機能をないがしろにして、真なるものを求めるよりも、模倣と繰り返しにより、見た目の美を追求することに専念するからである。彼のキッチュ論では、芸術の美的（aesthetic）側面への偏向が過度に至ることで、倫理的（ethical）な価値が阻害ないしは無視されることの危険性が指摘される。

その際、ブロッホは、ローマ時代の皇帝ネロの暴虐、とくに自分の庭園で串刺しにしたキリスト教徒たちを松明に見立てて火あぶりにし、その傍らでネロがリュートを奏でていたというエピソードを取り上げ、審美主義者を気取るネロの悪徳に言及している(5)。この評論が発表された一九三三年は、ヒトラーが政権を掌握した年であるだけに、ヒトラーをネロになぞらえて批判していると考えられるのだが、当然のことながら、ブロッホは「ヒトラー」や「ナチス」という単語を一度も使用していない。

　この時すでにブロッホは、死の永遠化、死による死の超克、あるいはキッチュと死の関連など、ナチズムに内在すると考えられる非倫理的要素を詳細に検討しており、約半世紀後のフリードレンダーの著作『ナチズムの美学――キッチュと死についての考察』の議論に大きな影響を及ぼすことになる。

　他方、一九三〇年代に「キッチュ」という言葉を英米の読者に知らしめたのは、第11章で見たように批評家クレメント・グリーンバーグの評論「アヴァンギャルドとキッチュ」であった。[6] グリーンバーグはキッチュをアヴァンギャルドに対比させながら、一九三〇年代の芸術の在りようを論じているが、彼の場合も、キッチュを芸術文化にとっての危険要因と見なしている点では、ブロッホと同様である。

　右の二つの論考はいわば古典としてその後の様々なキッチュ論の前提となり、またここで扱うシンポジウムのなかでも、何度も取りざたされる。これとは別に、やはり一九三〇年代にドイツ系ユダヤ人社会学者ノルベルト・エリアスが、キッチュ論を書いていた。「キッチュ・スタイルとキッチュの時代」という題のドイツ語の評論で、当時アムステルダムで発行されていた亡命知識人の雑誌『ザンムルング』（*Die Sammlung*）に一九三五年に掲載されたものである。この評論は長い間埋もれたままになっていたが、一九九八年にエリアスの弟子二人が編集した英語版のエリアス論文集に収められたことで、初めて世間に知られるようになった[7]。したがって、一九九〇年開催のシンポジウムでは言及されてはいない。しかしながら、エリアスの論考は、本章での議論に様々な方面で呼応しているだけでなく、多くの示唆を提供しているため、無視するわけにはいかない。

また、一九四〇年代アメリカに亡命していたフランクフルト学派の重鎮テオドール・W・アドルノがホルクハイマーとともに執筆した評論「文化産業――大衆欺瞞としての啓蒙」（執筆は一九三九年から一九四四年にかけて、出版は一九四七年）では、キッチュという言葉は用いてはいないものの、同じような視点から大衆文化の状況を論じている。この仮借のない大衆文化批判論は発表されてから二〇年程を経て、一九六〇年代当時、ニューレフトの若者のあいだで広く知られることとなった。

いずれにしろ、一九三〇年代から四〇年代にかけて発表されたこれらの評論に共通するのは、全体主義つまりナチズムとスターリニズムの台頭という時代を背景に、その最大の犠牲者であるユダヤ人によって書かれたという点である。このことを念頭に置くならば、シンポジウムが提示している問題意識の背後に、ユダヤ性というものが見え隠れし始める。

3　フリードレンダーの提言

シンポジウムの冒頭にあるのは、フリードレンダー自身の著作に即した問題提起である。彼が明らかにしたいのは、ナチズムの心理的なインパクトの諸相に果たしたキッチュの役割である。

私はまず、キッチュをいくつかのカテゴリーに分別したのちに、黙示録的な想像力と私が呼ぶもののなかで果たしたキッチュの役割を再定義し、そして最終的に、キッチュの政治的・倫理的意義を考え直したいと思う(201)。

フリードレンダーはまず、キッチュを「ありふれたキッチュ」(common kitsch)と「高揚させるキッチュ」(uplifting kitsch)とに分別する。「ありふれたキッチュ」とは、大量消費社会と大衆文化の産物としての文字通りごくありふれたキッチュで、美的には不適切な表現形態をとる商業目的の模倣芸術であり、「高揚させるキッチュ」とは、ある特定のイデオロギーに一体感を持たせるためのキッチュであるとする(202)。彼は、この二つのうち、後者のキッチュのみに注目したいという。そしてその性格付けは次のようになる。

このようなキッチュが人々を動員する機能を有しているのは明白で、その理由をあげるなら、それは大方次のようなものになるだろう。第一には、そこに表現されているものが容易に理解でき、大多数の人間に届きやすいからであり、第二には、それは思慮をともなわない感情的な反応を呼び起こすからであり、第三に、それが、内向きで調和のとれた世界となるべき一定の政治体制あるいはイデオロギー体系の核心的価値に関わり、それをより効果的に提示するために、そこにはかならず「美しさ」が付与されているからである(203)。

かくして、キッチュによって美と真実が連結され、その神話作用により、「政治宗教」と呼ぶべきものが創り出される。その典型的な実例が、ナチスのゲッベルスによるプロパガンダにある、とフリードレンダーは考える。とくにナチスの場合には、キッチュが死に関連付けられるという。共産党員に殺害されたとされるホルスト・ヴェッセル(ナチス党歌「ホルスト・ヴェッセル・リート」の作者)の葬儀は、ナチスの作り出したキッチュの神話作用のなかでも最も成功したものであり、ゲッベルスの巧妙な演出による「死」「再生」「永遠」といったイメージの連鎖が、観衆に深い情緒的な反応を呼び起こす。そしてそれが調和と融合へと変化し、民族の一体感を現出する。それはまさに「黙示録的な想像力のなかで生み出される恐るべき効果」であり、ここではもはや、キッチュは、「芸術の価値体系」などというものをはるかに凌駕して、まさに「悪の法則」へと化している、とフリードレンダーは指摘する(205-206)。

「高揚させるキッチュ」が織りなす「悪の法則」、これこそが、フリードレンダーのキッチュ論の根幹であり、また、自身の著作のなかで展開する詳細なナチズム分析の基底をなしている。これについては、シンポジウム開始早々、アーヴィング・ハウとスーザン・ソンタグから違和感が表明された。

ハウは、フリードレンダーのキッチュは、グリーンバーグやアドルノが論じたキッチュとは異なるのかどうか、と問いただし、またソンタグは、「ありふれたキッチュ」も政治的でイデオロギー的でありうると反論した(218)。この点については後述するとして、グリーンバーグといえども、ナチスのポーランド侵攻の時点ですでに、キッチュを政治的文脈の中で捉えていたことを補足しておきたい。

一九三九年の評論「アヴァンギャルドとキッチュ」のなかでグリーンバーグは、キッチュが全体主義国家の国策に利用されていると述べている。その理由は、「キッチュは大衆の文化」であり、「独裁者と国民の〈魂〉との近接性を維持する」からである。またさらに、「もしお墨付きの文化が一般大衆レベルより高次のものであったなら、独裁者が孤立する危険がある」ことを独裁者は承知しているので、彼らは新しい難解な芸術つまりアヴァンギャルドを敵視するという。その証拠として、スターリンは革命中に隆盛したロシア・アヴァンギャルドを粛清、ヒトラーはドイツ表現主義をボリシェヴィキの文化だと非難し、そしてムッソリーニは最初好意的に扱った未来派を追放したという事実を挙げる(8)。

ここで注目しておきたいのは、グリーンバーグが、右記のような議論に際して、ヒトラーを名指しで取り上げている点である。他方、同じ時期にキッチュ論を書いたブロッホは、ヒトラーにもナチズムにも言及することすらしなかった。これには、グリーンバーグが、ヨーロッパから遠く離れたアメリカで書いていたのに対して、ブロッホが、ナチスが跳梁跋扈する現場にあったということが関係しているとも思われる。それというのも、ブロッホはアメリカに亡命した後の一九五〇年から翌年にかけて、イェール大学で「キッチュの問題に関する覚書」と題する講演を行い、そのなかでは、「ヒトラーはキッチュの熱狂的な信奉者であった」と明言しているからである。(9)

4 ヨーロッパのキッチュ、アメリカのキッチュ

キッチュをどのような文脈で扱うかに関しては、ヨーロッパとアメリカでは違っている。この点について、ハウはシンポジウムのなかで指摘している。

ヨーロッパ人は、当然ながら、キッチュの問題を政治と社会に対する脅威と見なしているが、アメリカでは、大方その問題を文化に対する脅威と見なしていた。キッチュの問題をそのままの形でアメリカにもたらしたのがフランクフルト学派の面々であったとしても、多くのアメリカの知識人はそれを継承しながら、アメリカ化し、文化の問題に変化させた(211)。

ハウがいう「ヨーロッパ人」には、無論、フランクフルト学派だけでなく、ブロッホと、シンポジウム参加者でプラハ生まれのフリードレンダーが含まれると思われる。ナチス台頭とそのユダヤ人迫害を直接的に体験したヨーロッパのユダヤ人にとって、キッチュの問題を、単に芸術や文化的文脈の

みで議論するわけにはいかない。目の前で展開するナチズムは一種の民族文化運動であり、彼らにとって、文化の問題は自らの生存条件に大きく関わる、いわば死活問題であるからだ。彼らの批判精神が、ヨーロッパ社会の政治と文化の変容とそのメカニズムに向けられるのは当然である。

そして、当時ナチスに言及していなかったブロッホにしても、キッチュを美学的な問題としてよりも、むしろ倫理的問題に還元しながら論じていたのは、キッチュの持つ非倫理性が社会に何を招来するかを直感していたからに違いない。

一方、アメリカのユダヤ系知識人にとって、ヨーロッパの政治状況の変化はそれほど差し迫った問題ではなかった。グリーンバーグがキッチュの例として槍玉に挙げたのは、ハリウッド映画やティン・パン・アレーのポピュラー音楽であり、アメリカで隆盛し世界を席巻しつつあった大衆文化そのものである。ここで留意しなければならないのは、これらの大衆文化の多くを創り出し、発展させたのが、ユダヤ人であったという点である。

前に見たフォードの反ユダヤ主義のキャンペーンは、「アヴァンギャルドとキッチュ」が書かれる一〇年ほど前のことであり、その最大の標的となったのがハリウッドの映画産業であった。[10] グリーンバーグが、キッチュの例として前世代のユダヤ人が創り出した大衆文化をあげつらったのは、一つには、知識人としての普遍主義志向の結果であるが、もう一つには、それらの文化（とくに、ハリウッドの映画）と訣別することによって、同じユダヤ・ゲットー出身でも、自分たち知識人は、ハリウッドのモーグルとはまったく違う人間であることを主張したかったのかもしれない。

5 民主主義のキッチュ

さて、グリーンバーグは、全体主義とキッチュの関わりに触れてはいるものの、キッチュがどのようなメカニズムによって政治イデオロギーに関わったかについては検討していなかった。しかも、彼が取りざたしたキッチュは、アメリカという民主主義社会における、いわば「ありふれたキッチュ」であり、フリードレンダーが強調するような政治的なキッチュではない。

では、ソンタグが指摘しているように「ありふれたキッチュ」は、政治的な意味合いを持ちうるのであろうか。もし持つとすれば、それはどのようなメカニズムによってなのだろうか。またそれは、ナチズムにおける「高揚させるキッチュ」とは全く無縁なのであろうか。シンポジウムでは、全体主義におけるキッチュに対して、アメリカ大衆文化に見られるようなキッチュを便宜上、「民主主義のキッチュ」と呼んで、それがどのような性質のものなのかを論議している。

議論は、一九世紀にアメリカの民主主義を論じたトックヴィルにまで遡る——「民主主義社会の市民は、表に現れているものが現実であり、また、理解できないものは現実ではないとする傾向がある」。これを引き合いに出したのは、イスラエルの政治学者ヤロン・エズラヒで、アメリカ政治の基本には、表面の下に真実が隠れているなどとは想定せず、明白に現れているものによって判断するという伝統があるという。そして、民主主義の実践においては、「ありのままで分かりやすい」というキッチュが大事な役割を果たすと考える（220）。これが、いわばアメリカ民主主義のキッチュであり、個人の自由意思に基づくキッチュの一側面である。

しかし、個人の自由といえども、全く問題がないとは言えない。ソンタグは、キッチュは人間から「能力を奪う」と考える。

それはまさに、人々から本物を吟味する能力を奪うものであると思う。実際、ある形態のキッチュは、それから離れられなくなり、他の種類の経験へ移ろうとしても、それをできなくすることがある（中略）概してキッチュは人々を愚かにさせ、可能性を閉ざすものであると思う。人々の意識の幅を限定し、複雑さに対する欲求を阻害する（222）。

ソンタグはさらに、テンプル大学で実際にあったことを紹介している。レトリックを講じる授業で、ある教員が学生に、レーガン元大統領の有名なキャンペーン・フィルムを見せた。三つのクラスで同じフィルムを見せるのだが、一つ目のクラスでは、フィルム上映の後にそのフィルムが政治的マニピュレーション（操作）であるということを認識させ、二つ目のクラスでは、フィルム上映の前にそのこと認識させて、三つ目のクラスでは、フィルムだけ見せて、それぞれのクラスで学生の反応を調査した。しかし、結果はすべて同じで、どのクラスでも学生たちは、「すごく感動した。素晴らしいと思った。立派だと思った」と回答したという(223)。つまり、フィルムが政治的マニピュレーションであるということを承知していても、彼らはそのフィルムの意図どおりに「操作」されてしまったのである。

このエピソードは、キッチュがもたらす無能力化の実例である。政治キャンペーン・フィルムを見せられることで、学生たちの脳裏にはある種の強烈で明確なイメージが刷り込まれる。するとそれを取り払おうにも、もはや不可能となり、その裏側に潜むもの、あるいは別の側面が全く見えなくなる。つまり民主主義社会にあっても、大衆はキッチュによって政治的に操作されうる、ということを如実に示している。この例で分かるように民主主義のキッチュといえども、何らかの政治目的のために「操作」するという点では、全体主義のキッチュとそれほど事情は変わらない。

6　ロマン主義とキッチュ

そもそもキッチュは、いつの時代にどのように発生したのか。キッチュの発生にはロマン主義が深く関係していることについては、これまで様々な論者によって、たびたび主張されてきた。シンポジウムでは、アメリカの政治学者ラリー・ナハマンが、ルソーを引き合いに出して議論の契機となる指摘を行っている。

政治宗教について考える時、私は即座にルソーの市民宗教に関する見解を思い起こす。ルソーはまさしくこう言っているように思われる、「社会を創造しよう。それを創り出し、何も許容しないようにしよう」と。いま私は理解し始めたのだが、伝統が破壊された時に、キッチュが立ち現われるのだと(227)。

ルソーの思想を不用意にここでの議論に当てはめることは避けるべきだが、少なくともナハマンが思いついたのは、従来の社会や伝統が壊され、新たな社会を創造しようとする時、依拠すべき新たな信仰つまり「市民宗教」(ルソーの用語)が生み出されなくてはならず、その宗教を補強するのが、人工的な様々な象徴的装置、つまりキッチュであるということであろう。そしてその仕組みが、フリードレンダーが言うところの「政治宗教」(ナチズム)とパラレルな関係にあるというのである。この指摘に対して、フリードレンダーが即座に反応している。

一つの定義が可能になると思う。伝統的な宗教が消滅すると同時に、聖なるものは、その自然的な環境から新たな環境へと移される、つまり、政治的な環境へと。すなわち、宗教的なものは聖なるものを失い、聖なるものは政治的な領域へと移行する。その結果、すべての象徴を再構築しなければならなくなり、その際、キッチュは再構築する行為の基礎となる（中略）かくして、新しい宗教、つまり政治宗教が構築される（227）。

このようにして、ロマン主義の先駆者の一人であるルソーの思想に、「政治宗教」の根源を辿ることができるなら、それに付随するキッチュの発生は、まずは政治思想の文脈のなかで捉えることができる。無論、ここでフリードレンダーが念頭に置いているのは、ナチスの政治宗教である。ただし一方で、ロマン主義が様々な芸術分野において広く展開していることを考えれば、芸術思潮としてのロマン主義とキッチュはどのような関係にあるのか、それを明らかにしなければならない。シンポジウムの後半では、この問題を入念に検討している。その際、議論の前提となるのが、ブロッホのアメリカでの講演「キッチュの問題に関する覚書」である。『サルマガンディ』誌の編集長でありシンポジウムの主催者であるロバート・ボイヤーが、ブロッホの議論の一部を引用している。

ロマン主義は、一方で、平均的価値を生み出すことができなかった。天才の高尚なレベルから滑り落ちたあらゆるものが、ただちに変形され、宇宙的な高みからキッチュへと急転落したのである（238）。

ボイヤーは、ブロッホがここで示唆している「ロマン主義における平均的価値の欠如」、あるいは「キッチュにおける平均的価値の不在(239)」に注目し、その後の議論につなげている。しかし、ブロッホからのこの引用だけでは、その真意を理解できない。キッチュこそが、「平均的価値」を具現化していると、誰しも思うからだ。逆説とも思えるこの一節の意味を明らかにするために、ここでは、シンポジウムから一旦離れて、ブロッホ自身の議論の流れを追うことにする。

7　ブロッホのキッチュ論

ブロッホは、一九世紀ブルジョワジー(中産階級)がおかれていた文化的および社会的状況の説明から始める。ブルジョワジーが培った都市市民社会の伝統は、本来、封建的な貴族社会の文化、あるいは宮廷文化とは全く相容れないものであったという。

宮廷文化の伝統は、すこぶる審美的なものであり、支配者の特権として、自分たちの生活をあふれんばかりの装飾によって輝かせることができた。それはいわば、放埒な感性と精神によって、人生を芸術に作り変えることでもあった。他方、ブルジョワジーの伝統は、基本的に倫理的なものであり、プロテスタントの国々では、清教徒的(あるいはカルヴィン主義的)な禁欲主義の理想が尊重され、カトリックの国々では、革命の際に、アンシャン・レジームの放埒さに対抗して、〈徳〉を普遍的な指導原理に作り変えた。その際の倫理的な原則は、啓蒙思想に学んだ理性に基づくものであり、本来的な意味で芸術の審美主義とは対立するものである。そして、啓蒙思想の自由主義（libertinage）は、彼らの自己抑制的な理想とは相容れない関係でもある。

権力を志向するブルジョワジーは、支配者としての彼らの地位と生活を輝かせる必要もあり、他に選ぶべきものがない彼らは、前任者である貴族たちが育んだ宮廷文化の伝統を模倣せざるを得なかった。このように、ブルジョワジーは、禁欲主義的倫理感、啓蒙思想、そして貴族的美意識という、三つのそれぞれに対立する価値観を抱え込みながら、そこに生じる矛盾をいかに解消するかという難問に直面することになる。

ブロッホによると、この難問解決の糸口を、ブルジョワジーはロマン主義に求めたという。そもそもロマン主義の契機は宗教改革にあった。それは、絶対性、無限性、そして人の心に宿る聖なる良心の発見をともなうものであり、このことによって、かつて教会が担っていた責任を、個人の信仰のなかに移し替えた。その結果、人々のなかに身の程知らずの性向が生まれたというのである。

壮大で聖なる任務を引き受けたという意味で僭越であり、また過度の信用を付与されていると自覚している点で傲慢である。いずれにしろ、身の丈を超えた責任を負うことになったのである。ここに、ロマン主義の原点がある。(11)

そのために、ロマン主義的精神は、日常的な感情を絶対的な領域にまで高めようとする一方で、自らに課した責任の重大さに対して恐れを抱くことになる。この高揚感と恐怖の混合したものが、ロマン主義的不安の根源であるという。この不安を除去するには、聖書に絶対的な信頼を寄せ、厳格な禁欲的生活を送るしかない。

その端的な例が、宮廷文化では軽視されていた、一夫一婦制の厳守である。この厳格さ故に、一人の人間が一人の異性を愛することに高揚感を覚え、ときにはそれが死に至ることさえある。このようにして、「清教徒的冷厳さは情熱へと変換された」とブロッホは考える。ロマン主義では、トリスタンとイゾルデ的な愛が称揚され、その文学上の古典がゲーテの『若きウェルテルの悩み』（一七七四）である、とブロッホは説明している。つまりロマン主義によって、「人間の生の最も現世的な側面が、永遠不滅の領域へと導かれた」というわけである。ここに、当初の疑問、「ロマン主義における平均的価値の欠如」の意味の何たるかを理解するヒントが隠されている。

ブロッホの議論を要約すると、ロマン主義は、日常性を、永遠性、絶対性、無限性といった高みに引き上げようとするあまり、逆に「平均的価値」といったものを見失う傾向を持つ。その結果、日常的な現実を見極める能力を失い、ことによると極端に走る傾向を持つ。そして政治的文脈のなかでは、フランス革命の時のように、特定の理念を絶対化するような恐怖政治につながることさえある――これが、なぜロマン主義において「平均的価値」というものが欠如しているのかという問いに対する、一応の答えということになると思われる。ここからナチズムに至るルートはそう遠いものではなく、フリードレンダーのキッチュ論へと連結することになる。

禁欲主義から生じたこの傾向は、彼らが美的なものへ向かう場合も同様で、かつて貴族階級が育んだ美意識をはるかに凌駕したものとなる——「彼らが一旦、自分たちの装飾趣味に関する自由を手にするとなると、その結果は、彼らの前任者たちよりも、さらに本気で、さらに高められた、さらに壮大な装飾というものを生み出す」。こうして、「美的領域においては、美があらゆる芸術作品のなかで具現化され、神聖視される」ことになり、「美」はプラトン的なイデアとして絶対化され、一種の「美の宗教」というものが生まれる。ロマン派の詩人ジョン・キーツの詩句、「美は真実なり、真実は美なり」は、これを如実に物語っている。(12)

だが、この美の宗教は、美を「あらゆる芸術作品の直接的で実体的な目標」とすることによって、有限で「閉じられたシステム」を形成する。他方、本来の芸術は、「現実の新たな表現の創造」を無限に追い求める「本能」によって成り立っているもので、それは「開かれたシステム」のもとにあると、ブロッホは言う。また、美の宗教との関連で、一九世紀のアカデミー主導の芸術の在りようにも言及している——「美のルールのあくなき探求に関わるアカデミー芸術も同様に、すべての美術作品はそのルールに従うべきとすることで、有限化を志向する」。その点で、このアカデミー芸術は、キッチュを生み出す母体の一つであったとブロッホは考える。

いずれにしろ、「閉じられたシステム」という意味で、ロマン主義とアカデミー芸術とキッチュは同様の性質を持つ。そしてそれが、因習的な象徴システムを重んじ、踏襲することを強要するという意味では、いずれの場合も、「模倣のシステム」を形成するということになる。(13)

ここまで見ると、ブロッホの議論とグリーンバーグの議論の類似点が明確に浮かび上がる。つまり、アカデミー芸術とキッチュの類縁性に関する見解（グリーンバーグは、一九三九年の評論では、はっきりと両者を同一視しており、(14) そのことが後に物議を醸した）、キッチュを「模倣のシステム」と見なしている点などにおいてである。ただし、一九三三年のブロッホの評論が、一九三九年のグリーンバーグの評論にどれだけの影響を与え、また、これまで見てきた一九五〇年のブロッホの議論が、グリーンバーグからどれだけのヒントを得ていたかについての事実関係は定かではない。

しかし、ヒトラーとキッチュの強い結びつきに触れている点、現代のキッチュの典型として映画とラジオを取り上げて、その押しとどめようのない浸透力に脅威を感じている点、そしてモダニズム芸術（アヴァンギャルド）がキッチュの流れを食い止める〈英雄的〉役割を演じてきたが、いまや、それもキッチュの勢いに抗しきれるものではないという認識、これらには、ブロッホとグリーンバーグの見解の明確な一致を確認することができる。

8　エリアスのキッチュ論

最後に、これまで見てきた諸議論を補完する意味で、ノルベルト・エリアスの論考を取り上げたい。前述のように、エリアスの「キッチュ・スタイルとキッチュの時代」は、一九三五年に発表されていたにもかかわらず、一九九八年に英語版が出版されるまで、ほとんど知られることがなかった。しかし、彼のキッチュ論は、ブロッホだけでなくグリーンバーグの議論とも不思議なほど呼応するものがある。

エリアスはまず、一八世紀の美的スタイル（様式）と一九世紀のそれとのあいだにある裂け目に注目し、この裂け目は、「宮廷のスタイルと趣味が、資本主義的ブルジョワジーのそれに取って代わった」ということを示しているという。一八世紀までは、バロックやロココのような「一貫性があり、かつ典型的な表現形式」というものが存在した。しかし一九世紀には、そのような確固たる形式は崩壊し、美的創造は、単独の芸術家の創造性、もしくはせいぜいいくつかの流派や傾向に従って行われるようになったというのである。

これには、フランス革命後のブルジョワ産業社会の到来が深く関係している。ブルジョワジーは新たな政治の担い手となったものの、しばらくのあいだは、彼ら独自の美的趣味や創造性を確立するまでには至らず、芸術作品のスタイルの存在は、多かれ少なかれ曖昧なものとなっていた。こうしたなか、彼らは新しい形式と方向性を見出そうと暗中模索を続け、その結果到達したのがロマン主義であった。だがその美的創造には、つねにキッチュという時代の副産物がともなっていたという。

それまでには無かったほど強烈な感情のほとばしりが、古い形式を粉々に打ち砕く。新しい形式を求めて、芸術家たちは、一部によく整った作品を生み出したが、その一方で、前例にないような激しさで、平明さと美意識を極端に推し進めた作品を生み出した。このように、新奇さの探究の過程で、高い基準を満たしていることと、全く基準を欠いていることとが、異なる芸術家のあいだで別々に起こる場合もあれば、同一の芸術家のなかで相前後して起こることもあった(15)。

このような状況が、一方に、ハイネ、ユゴー、ワーグナー、ヴェルディ、ロダン、リルケなどの良質なロマン主義的作品を生み出し、もう一方で、「逸脱と崩壊とデカダンスの産物としての」キッチュを生み出した、とエリアスは考える。これは、ブロッホが表現するところの、「ドイツ・ロマン主義は、カミソリの刃の上を進み続け、つねにキッチュへ転落する危機に瀕していた(16)」という状況認識とほぼ一致するものである。

また一方で、エリアスはキッチュの隆盛を、産業化社会における「大衆」の出現に関連づけて適切に言い当てている――「〈キッチュ〉という言葉は、専門家の高度に様式化された趣味と、大衆社会の未発達で不安定な趣味とのあいだの緊張関係を表現したものだ」[17]。

一九世紀には、市民社会から、従来の宮廷やアカデミー芸術の集団とは全く異なるタイプの職業的画家の集団が生まれ出た。すなわち、印象派の画家たちである。この画家たちは、革命家でもなく、また支配階層でもない、「全くの市民」であったが、芸術専門家として彼ら独自の高度な芸術表現を追求した。しかし同時に、市民社会は、産業化の進展にともない、労働者の集団つまり「大衆」という大量の非専門家集団を生じさせた。この両者の緊張関係のなかに、キッチュが広く普及する原因があったと、エリアスは考えるのである[18]。

そして、大衆が産業化社会のなかで手に入れた「余暇」は、キッチュの必要度をさらに増したという。労働者である大衆は、「労働の重圧から気分を解放したいという欲求」を抱くようになる。しかし、高尚な芸術を十分に享受するほどの専門的な審美眼を持ち合わせていない彼らは、余暇を過ごすために、自分たちの身の丈に合った、分かりやすい疑似的な芸術作品を求めるようになる。そこにあてがわれたのがキッチュである。産業化社会がもたらした、この新しいタイプの文化的産物は、過去に例を見ないほどに情緒的な負荷を帯びた「センチメンタル」な安手の代物であったが、大衆社会の要求にともなって、とめどなく広がっていった、とエリアスは主張する[19]。

この大衆社会における余暇の発生とキッチュの普及との関係については、グリーンバーグが「アヴァンギャルドとキッチュ」で、全く同様の視点から論じている[20]。前に見たブロッホの議論との一致、そして、ここでのグリーンバーグとの一致に関して、その影響関係を論証する手立てはない。しかしながら、ブロッホとエリアスとグリーンバーグの三者が、一九三〇年代という同時期に、キッチュをめぐる文化状況をほぼ同様に捉えていたということは極めて興味深い。これは単なる偶然であったとは言いにくい。反ユダヤ主義のナチスの脅威が迫りくるなか、彼らが直感していた水面下の状況は同じだったはずだ。つまり、ユダヤ人の危機である。文化の問題は、彼らにとって、文字通り死活問題だったのである。キッチュはいかにしてナチズムに、そして反ユダヤ主義に結びついて行ったのか、これが三人の、そしてシンポジウムに参加した知識人たちの究極的な問いだったのではないだろうか。

ロマン主義に付随したキッチュ、その主要素であるセンチメンタリズム、それを好む大衆、その好みを利用して大衆動員する政治宗教＝ナチズム、そして、どの国にあっても「国民」大衆から抜け落ちるユダヤ人、このような連関が最終的にはホロコーストを生み出した。これが、その問いに対する一応の回答となりうるであろう。

シンポジウムで、アーヴィング・ハウが、ディケンズの作品に見られるようなキリスト教社会特有のセンチメンタリズムについて、こう言っている――「もし、このようなものがキッチュと呼ばれるなら、このキッチュという言葉は、われわれが忌み嫌うべきものに付けられた名前だ」。ここでハウが言う「われわれ」とは、まさしくユダヤ人のことである[21]（249）。

第14章　ディアスポラとナショナリズム

1　相反する概念

「ディアスポラ」(Diaspora) という言葉は、本来、紀元前六世紀のバビロン捕囚以後故国を追われて離散したユダヤ人たちの状況を指すものとして使われてきた。しかし現在では、とくに社会学や文化研究(カルチュラル・スタディーズ)などの分野で、ユダヤ人に限らず様々な理由で祖国を離れて生活するようになった人々の状況、すなわち「国外離散」を一般的に意味するものとして多用されるようになった。

一方、「ナショナリズム」については一九八〇年代あたりを境に、ヨーロッパ(とくにイギリス)ではは歴史学、社会学、政治学などの分野で研究が進んできており、日本でもその煽りを受けてか、それ以降、ナショナリズムに関する議論が盛んになってきている。(1) しかし、一九九〇年代にイギリスの思想史家アイザィア・バーリンが、かつての有力な思想家たちの「誰一人として予言しなかったのは、今日の全地球的規模でのナショナリズムの勃興」であると言っているように、[2] 過去においてナショナリズムの重要性とその結果を予想することは困難であった。ましてや今日的なナショナリズムの諸相を予見することなど不可能に近かったと言えるだろう。

一九世紀まで遡れば、カール・マルクスといえども、全世界の労働者の連帯とくらべて民族問題は重要性が低いと見なしていた。また、その後継者であったレーニンやトロツキーらも、ナショナリズムどころか国家さえも消滅するであろうと予想していた。しかし結果は、歴史に見るようにファシズムやナチズムをもたらしただけでなく、ロシアにおいてさえ、ナショナリズムはスターリン体制を支える主要なイデオロギーとして機能した。[3] そして冷戦崩壊後の現在に至っては、ナショナリズムは衰えるどころか、旧ソ連や旧ユーゴ内部での民族紛争の火種となり、また、アジア・アフリカ諸地域では、規模は小さいながらも、絶えず部族間紛争を引き起こすなど、ますますその勢いを増しつつある。さらには民族や国家のカテゴリーを超えて、人種や宗教、さらには文明の差異を強調するような議論や運動も起こり、バーリンの言うように「全地球的ナショナリズム」と見られるものさえ存在するようになった。

さて、本章の「ディアスポラとナショナリズム」というタイトルは、それ自体で、ある種の困難さを指し示している。「ディアスポラ」の身であるということは、どの地にあってもつねに異分子あるいは他者であるということである。また「ナショナリズム」が仮に、領域国家内で文化や歴史を共有するエスニックな集団すなわち、ネイションが育む一体感であるとすれば（ナショナリズムの定義はつねに困難をともなう）、両者は両立・共存が非常に難しい関係にあるからだ。

だが、そうであるが故に、両者は互いの否定概念として、各々の在りようを照らし出す関係でもある。以下では、ディアスポラのユダヤ系知識人や思想家が、近代以降顕在化してきたナショナリズムとどう関わり、またそれをどのように見てきたかを瞥見し、現在の状況までも展望してみたい。

2　スケープゴート

ユダヤ人の代名詞でもあった「ディアスポラ」という用語は、一九四八年のイスラエル建国以後、その意味の一部を失った。つまりイスラエル在住の「国民《ネイション》」としてのユダヤ人が出現したからだ。しかし、いまだに一千万人に及ぶユダヤ人がアメリカをはじめヨーロッパやロシアにディアスポラとして生き続けているのも事実である。イスラエル建国自体は、一九世紀末つまりヨーロッパ各地でナショナリズムが勃興し始める時期にその一部として起こったシオニズム運動の歴史的帰結でもある。

しかし、このことは同時にパレスチナ問題という新たなディアスポラの状況を生み出した。二〇〇三年に亡くなったエドワード・サイードは、アメリカ国籍ではあったがパレスチナ出身のアラブ人という点で、いわばその新たなディアスポラを代表する知識人である。彼はアラブ系パレスチナ人であったために、いわゆる反イスラエルの立場にあると考えられがちだが、知識人としての位置と自覚においてはユダヤ系知識人と共有するものが多い。サイードは言う、「知識人とは亡命者にして周辺的存在である」と。[4]さらに、知識人とは集団的一体化への情熱に引きずられて思考するのではなく、超越的価値、つまり「あらゆる国家や民族に普遍的にあてはまる価値」に基づいて思考する人間である、とも言う。[5]これらは、近代以降の欧米における多くのユダヤ系知識人が不可避的に獲得してきた認識であり、また護るべき価値でもあった。

ロシアを含むヨーロッパ世界におけるユダヤ人問題を考えるとき、中世以来のゲットーやシュテートルと呼ばれるユダヤ人居住区による隔離政策が長く続いた後、フランス革命を境に進展したユダヤ人の解放と、近代ヨーロッパすなわち近代的な国民国家の成立が、同時進行的に起こったことを念頭に置かなくてはならない。フランス革命はフランスに世界初の国民国家を成立させたが、革命直後の一七九二年には早くも自由・平等・博愛の理念のもとフランスのユダヤ人に市民権が与えられた。それに続くナポレオン戦争による征服の結果、オランダ、ベルギーなどの国々のユダヤ人たちも次々と解放されていく。ドイツとオーストリア・ハンガリー帝国のユダヤ人は少し遅れて一九世紀の前半には解放されている。だが、ロシア皇帝支配下のロシアとポーランドでは長いあいだユダヤ人に公民権は認められなかっただけでなく、「五月法」と呼ばれる反ユダヤ法がロシア革命の一九一七年まで存続した。

こうしたことが、ヨーロッパ・ユダヤ人の状況を複雑にする。一つには、西欧および中欧におけるユダヤ人が、言語や生活習慣そして宗教面において同化し、さらには異族間結婚によって血縁的にもユダヤ人としての同一性が維持できなくなるというようなアイデンティティの危機を胚胎する一方、ロシア・東欧のユダヤ人たちは正統派のユダヤ教と彼らの共通語であるイディシュ語による文化を保持しながらもポグロムの危機にあえぐという、二種類のユダヤ人群が出現したことにある。

同化した西欧ユダヤ人からは、国際主義的共産主義の始祖マルクスをはじめとする普遍主義に立つ思想家が続々と登場し、近代以降の思想や科学に多大な影響を及ぼした。しかし、その一方で一八九〇年代のドレフュス事件などによって、完全な同化の困難と根強い反ユダヤ主義の存続を彼らは思い知らされる。

他方、ユダヤ的伝統を色濃く残存させていた一九世紀後半のロシア・東欧には全ユダヤ人口のほぼ八〇パーセントが住んでいたが、打ち続く迫害（ポグロム）の難を逃れてその多くがアメリカ大陸へ流出した結果、世界全体のユダヤ人地図を大きく変化させることとなる。第Ⅰ部で見たように、新天地アメリカにおいては、新たなユダヤ文化が開花し、大衆文化の在りように大きな変化をもたらした。さらに、第11章で見たように、多くの知識人を輩出し、様々な学問分野だけでなく政治にも大きな影響力を持つようになる。なお、現在のユダヤ系アメリカ人の大部分はロシア・東欧系の子孫である。

しかしここで注目したいのは、一九世紀から二〇世紀にかけての時代変動に対して、ユダヤ人がいかに関わったかという点である。一九世紀後半のヨーロッパ・ユダヤ人のあいだでは二つの思潮が多くの支持を集めるようになっていた。シオニズムとマルクス主義である。前者は西欧におけるナショナリズムの高まりと連動ないしは対抗して、いわば民族的特殊性を前面に出したものであり、後者は抑圧からの解放を願いながらも根本において普遍主義的理念に基づく思潮である。

シオニズムはオーストリア出身のテオドル・ヘルツルに始まるイスラエル回帰を希求する思想として、主にヨーロッパ全域の都市に住まう中間諸階層に浸透した点において、また他民族に対する自民族の独自性を強調する点において、他のナショナリズム運動と共通している。

一方マルクス主義は、運動としてはロシア・東欧のユダヤ人に広く浸透し、ロシア革命に直接関わる運動の担い手たちを多数生み出す。それは東欧系ユダヤ人の大部分が、職人層からなるプロレタリア階級と貧しい商人階級によって構成されており、マルクス主義が階級的抑圧と民族的迫害から同時に彼らを救済するものとして受け入れられたためである。実際、ロシア内戦中、ユダヤ人は大挙してトロツキーの指揮する赤軍に身を投じた。赤軍はポグロムからユダヤ人を守る唯一の防衛軍であると考えられたからだ。

ユダヤ人社会内部では、これら二つの運動――つまりナショナリズムとしてのシオニズムとインターナショナリズム（国際主義）としてのマルクス主義――の主張は本来、相互に排他的であるため衝突せざるを得なかった（この両者の中間的なものとして、ポーランドでは民族主義的な社会主義運動であるブントが生み出されるが、ロシア革命の騒乱を経てソ連の共産党の中に急速に吸収されていく)。しかし二〇世紀に入るとまもなく、その確執は歴史の前面から退く。

シオニズムは第一次大戦中のバルフォア宣言によってユダヤ民族国家建設をイギリスに約束させたものの、その成果よりも前に第二次大戦が勃発し、さらにヒトラーのホロコーストはその理想を徹底的に打ち砕いた。一方マルクス主義は、ロシア革命に結実するが、有力なユダヤ人革命家たちがスターリンの粛清の犠牲となった。

結果的には、ヨーロッパにおいてもロシアにおいても、「根無し草でコスモポリタン」のユダヤ人は、ナショナリズムにともなう反ユダヤ主義の犠牲になったと言えるのかもしれない。なぜなら、ロシアにおいてさえ、一国社会主義を唱えるスターリンの支配体制の中で、ロシア・ナショナリズムは体制を支えるための主要なイデオロギーとなっており、それを推進するために反ユダヤ主義は格好の材料として利用されたからである。(6)

スターリンは粛清の最終段階で、ヒトラーと同様に、「ユダヤ人世界陰謀説」を持ち出し、ソ連とその衛星国でユダヤ人の政治的迫害を行っている。(7) また、カーメネフをはじめとする一九三六年からのモスクワ裁判で死刑判決を受けた者の多くがユダヤ系であったということは偶然ではないだろう。そして、スターリンの最大の政敵であったトロツキーもユダヤ人であったが、彼はロシアから遠く離れた亡命の地メキシコで、そこにはるばる送られたスターリンの刺客によって惨殺された。

このようにして見ていくと、時代の大転換期であった一九世紀末から二〇世紀前半における、ナショナリズムとマルクス主義の二つの強力な運動の展開と、ディアスポラとしてのユダヤ人の存在が、どのような関係性にあったかが明らかになってくる。

ディアスポラは、ナショナリズムにとっては、異分子という意味で否定的な要素だが、他方、マルクス主義にとっては、コスモポリタンつまり普遍主義的という意味で、もともとは積極的な要素であった。事実、トロツキー自身がコスモポリタンであり、ユダヤ人問題をさほど重要視はしていなかった。むしろ、ユダヤ人は同化していくべきだと考えていた。それに引きかえ、スターリンは、まさにユダヤ人の持つ〈コスモポリタニズム〉そのものを憎み、攻撃した。だが結果的には、ナショナリズムとマルクス主義、いずれの場合も、ユダヤ人は運動のスケープゴートになったということになる。

3　バーリンとエリアスのナショナリズム論

ここで、二人のディアスポラのユダヤ系知識人、ラトビア生まれで一〇歳の時両親とともにロシア革命の混乱を逃れてイギリスへ渡ったアイザィア・バーリンと、ドイツ生まれでナチスに追われてイギリスで生涯を終えた社会学者ノルベルト・エリアスのナショナリズムに関する論考を見てみたい。

バーリンは、思想史家の立場から、一九七九年に「ナショナリズム――過去における無視と現在の強さ」と題するナショナリズム論を『パーティザン・レヴュー』誌に発表している。またエリアスは、一九八九年に出版された『ドイツ人論』に収められている「ナショナリズムについて」と「文明化の挫折」と題する二つの論文（書かれたのは一九六〇年代）で論を展開している。

二〇世紀最大のナショナリズムの犠牲者であるユダヤ人のあいだに、その解明に取り組もうという意思が生まれるのは当然のことである。端的に言えばそれは彼らの生の存続に関わる問題だからだ。ともにイギリスを本拠にその知的営為を展開しながら、個人的に交わりを持たなかったエリアスとバーリンであるが、両者のナショナリズム論は、様々な着眼において互いに呼応している。

エリアスは論文「ナショナリズムについて」のなかで、一八世紀に台頭してきたドイツの市民階級のエリートたちによる歴史記述の伝統が「文化史」の名で知られるようになったことに注目する。ここに記述される「文化」（Kultur）が、ドイツ中産階級の自画像や理想であり、絶対主義国家による抑圧的な束縛からの解放と自由の空間を意味していた。

ドイツ語の「文化」という概念は、ドイツ中産階級のエリートたちによく見られる感情を示しており、また、政治や国家が自分たちにとっては隷属と屈辱の領域であるのに対して、「文化」は自分たちの自由と誇りの領域を表し、反政治的でさえある根本的に非政治的な反感が含まれていた。(8)

革命によって王政を打倒したフランスとは異なり、ドイツ中産階級は、絶対君主フリードリヒ二世の統治下で依然として政治生活の外部におかれたままの「二流の市民」であった。また一方で、フリードリヒは啓蒙君主でもあり、上からのフランス流の西欧化改革を断行していた。バーリンはこの点について次のように言う——「この時代の中産階級の文人たちは、窒息状態」にあり、「基本的にキリスト教的、プロテスタント的、道徳的な世界観がフランス啓蒙思想の科学的気質と両立しえないことを鋭く感じ」とっていた。そして「彼らは、ドイツ的伝統の深さと詩情を、フランス思想家の世界の浅薄な物質主義、功利主義、薄手で人間化された人形芝居と対比させた。これがロマン主義運動の根源である(9)」。

右のエリアスとバーリンの見解を接続することで、「文化」とドイツ・ロマン主義の関連が明らかとなり、それがドイツ・ナショナリズム形成の前段階を示していることが理解できる。またフランス啓蒙思想のもたらした普遍主義とドイツの国民文化との対立の構図が浮かび上がってくる。しかしエリアスは、一八世紀のドイツ中産階級のエリートにも、西欧諸国と同様の「道徳原理や人権ならびに人類の進歩への信頼(10)」などの普遍的ヒューマニズムの価値が浸透していたことを指摘している。それがドイツの人文科学全般の発展に寄与したことは言うまでもないが、その「文化」がのちに「国民文化」に変化するとき、ヒューマニズムが後退し、ナショナリズムに取って代わるのである。

この変化には、一九世紀初頭のナポレオンによる支配が大いに関係している。ナポレオンはフランス革命の勢いを駆って、自由・平等・博愛の理念のもとに絶対王政を打倒すべく進軍した。そのヒューマニズム的理念はフランス国家の優位性を示すものであり、外国への進軍を正当化するものであった。そしてドイツ国民にさえ彼の進軍は当初は歓迎されたのである。しかしその過程で、ナポレオンが皇帝の座につき帝政の復活が宣言されると、支配地域に大いなる失望感を呼んだ。ベートーヴェンが、ナポレオンに捧げるために作曲していた『英雄』の楽譜を、ナポレオンが帝位に就いたことを知り、怒りのうちに破り捨てたという逸話はそれを物語る。このとき〈進歩〉という理想は失墜し、フランスとドイツの関係は支配者と被支配者、抑圧者と被抑圧者の関係に堕したのである。そのような状況下で行われたのが、フィヒテの有名な「ドイツ国民に告ぐ」の演説であり、それはドイツ文化復興の宣言でもあった。

一八六〇年代にはビスマルクの鉄血政策のもと、プロイセンが工業化と軍備増強を進め、その強力な軍隊はオーストリアとフランスを次々と破り、一八七一年には悲願のドイツ統一に成功する。同時に、中産階級出身の実業家が急速に力をつけ、貴族階級に代わって国家の指導層に入り込んでいく。自信をつけたドイツ国民は、かつてのナポレオン支配の屈辱を晴らすべく神聖ローマ帝国再現への野望を抱くようになるのである。ただしここでいう「国民」とは、もはやかつての絶対王政のもとでの臣民というよりは、都市中産階級を中心とする広い層からなる集団へと変貌していた。つまり産業化の進展が身分制社会を消滅させていたのである。かつての君主に対する忠誠心は、国民相互の連帯感に取って代わり、それは、まさしく「国民感情」と呼ぶべきものに発展する可能性を内包していた。しかし、このような「国民感情」は、産業の発展にともなう都市化と階層化が進んだ社会にあっては、簡単に創出されるものではない。端的に言えば、その国民とは「その集団に属する者の大半が互いに知らず、知ることもできない集団[11]」であり、マルクスの言い方に従えば、そのような社会に生息する住民は「類的な存在から互いに敵対し合う個的存在」へ移行するという傾向さえ帯びるからである。いみじくもマルクスは、「市民社会は、それ自身の内臓から絶えずユダヤ人を生み出す」と書いた[12]。

互いに無名性を帯びた人間の集団としての国民、この名のもとに政治を遂行するには、それぞれの個人を結びつける感情的な絆が必要となる。つまり、このような「個的存在」を結びつけるための高度に象徴的な紐帯、「祖国」「故国」「民族」というような言葉による象徴ないしは非人格的な象徴である。「ドイツ人」や「フランス人」や「イギリス人」といった言葉さえもが、そのような機能を果たすとエリアスは言う。他方、バーリンは同様の視点から、この「象徴」のもとに糾合される集団的意志をドイツのナショナリズムと関連づける。

ドイツにおいては、合理的方法で発見された法則の束縛を受けない集団的意志、人民の精神生活――それは観察したり記述したりはできないが、創造的個人は人民の活動（あるいは非人格的意志）

に参加することはできる――を祭り上げた。民族の政治生活をこの集団的意志の表現と捉えることが、政治的ロマン主義つまりナショナリズムの本質である(13)。

この「集団的意志」の完遂となると、高度に産業化された大衆社会、つまり互いを認知することさえ困難な集団においては、国家に対する神聖不可侵な信仰なしにはありえない。近代社会が生み出した国民皆兵という制度による戦争は、貴族や職業的な戦士だけが戦争を行なっていた時代とは異なり、国民ひとりひとりが一体となるための「集団的意志」つまり国民感情や国家に対するゆるぎない忠誠心を必要とする。そしてそれを支えるのは、それぞれの個人の国家に対する信仰である。このような信仰はある種の信念体系によって維持される。バーリンはそれを具体的に次のように言う。

民族に属することが他の何にもまして必要であるという信念、民族を構成するあらゆる要素が有機的連関にあるという信念、それがわれわれのものであるが故にわれわれ自身の価値であるという信念、そして最後に、権威ないし忠誠をめぐる他の対抗勢力に直面した場合、自らの属する民族の要求が至上であるという信念である(14)。

このように、「象徴」「集団的意志」「民族」が織り成す「信念体系」、これがナショナリズムのエートトスの基底をなしていると、バーリンとエリアスは考えるのである。

4　ナチズム

さて、ナショナリズムの極端なかたちとして、なぜドイツにナチズムが生まれたのか。ユダヤ系の知識人がナショナリズムを考える上で、ナチズムが最大の関心事であり、また究極的な問いとして残るのは当然である。エリアスは、論文「文明化の挫折」でそれを詳細に検討している。この問題に関しては、ドイツ人のなかにあった国民としての〈傷〉がキーワードであるという点で、エリアスとバーリンの見方は再び一致している。エリアスは、「ドイツ人の国民としての誇りや集団的自尊心は、イギリス人やフランス人のような上昇し続け順調に発展してきた民族にくらべると、つねにはるかに傷つきやすいものであった」[15]と言う。またバーリンは、「ナショナリズムは（中略）もっとも社会意識の強い人々における傷つけられた誇り、屈辱感の結果として生じ、やがて怒りと自己主張を生み出すことになった」としている[16]。

ヒトラーが国民に与えた夢、「第三帝国」（das Dritte Reich）はドイツ人の〈傷〉を癒す最大の理想であった。「帝国」という概念がドイツ人にとってどれだけ重要な意味を持つかについてエリアスは詳しく論及している。ドイツ語で帝国を意味する「Reich」は、神聖ローマ帝国の残影を象徴するものとしてドイツ人の記憶のなかに生き続け、過去の栄光を象徴するものであった。しかし、まがりなりにも八〇〇年以上も続いた第一帝国（神聖ローマ帝国）は一八〇六年にナポレオンによって崩壊させられ、ビスマルクの成立させた第二帝国も第一次大戦の敗北によって一九一八年崩壊した。このように繰り返し傷つけられた誇りと屈辱感はルサンチマンとして、一九三三年まで続いたワイマール共和国のなかで潜行することになる。ここに、「ドイツ民族のうちで最も不満な集団」すなわちヒトラー率いるナチスが、権力獲得のために利用できる素地が醸成される。むしろ問題としなければならないのは、何故ナチズムがホロコーストにつながったかと言う点であろう。

エリアスによると、ユダヤ人絶滅はナチズムにおけるある信念のなかで計画されたものであるという。前に見たようにそのような信念は一つの集団的感情であり、合理的な説明とは無縁である。戦時しかも組織的大々的なホロコーストが始まった一九三九年の時点は戦争の絶頂期で、数百万のユダヤ人を移送し殺害するのにかかる費用と労力は、合理的に考えれば戦争遂行にとって無駄な出費だったはずである。しかも、ユダヤ人の存在は実質的には脅威でも何でもなかった。にもかかわらず、それを実行したのは、次のような信念を成就するためであった。

現在および将来の偉大なるドイツとドイツ民族に最高に具現された「アーリア」人種全体が「人種の純潔」を求め、その生物学的に考えられた「純潔」が、混血によって人種に危険を及ぼしかねない「劣等」な人間集団、特にユダヤ系の人間を排除すること、必要なら絶滅することを要求

する。(17)

そして戦争に勝利した暁には、悲願の「大ドイツ」帝国が実現し、ユダヤ人の妨害もユダヤ人の血によるドイツ民族の汚染もなくなるという夢がその信念を補強した。ヒトラー個人のユダヤ人に対する消し去りがたい敵意に由来するこのような信念は、ナチズムの運動の過程で、その巧妙なプロパガンダによって大衆の心情へと浸透し、やがて集団の意志と信念へと変化していった。そのプロセスは、前に見たドイツ・ナショナリズムの形成のメカニズムによって半ば自動的に進行していったのである。

ここには、産業化社会が抱える一つの大きな問題が横たわっている。つまり増大する大衆の不満とそれを糧として蔓延るポピュリズムの在りようである（ヒトラー政権でさえ民主主義的手続きによって成立したことを、ここでは念頭においておかなければならない）。ナチスの運動に関わった人間の多くは「半端な教養しかない連中」であった。彼らは「古い体制ではアウトサイダーか役立たず」であったが、民主化のおかげで野心だけは育まれた。彼らは運動に参加することで「自分が救世主たる任務を持ち、ドイツのための使命を帯びていると信じていた」(18)。言い換えれば、このことは「従来手の届かなかった権力の座に広範な階層が就くようになった」社会的変化の結果でもあった。これに「大衆社会の特徴である社会宗教」としてのナチズムが加わり、ヒトラーはそのシャーマンにまんまと成りおおせたのである。(19)

これまで抑圧されて生きてきた彼ら大衆は、沸き起こったナショナリズムの信念体系に身を委ねることで指導層と一体化する。その一方で、支配者に服従することの憤懣を適当に吐き出すことができないが故に、社会的に低級と見なされる人間たちにはけ口を求め、その格好の対象となったのがお墨付きの「劣等」集団、つまりディアスポラのユダヤ人だったのである。収容所でユダヤ人を虐待した看守のほとんどが最も無教養な階層の出身だったという。これがナチズムとユダヤ人絶滅を推進する社会的背景であり心理的メカニズムである。

5　アメリカのナショナリズム

さて、ここでアメリカに目を転じてみよう。ロシアのポグロムとヨーロッパのホロコーストを逃れ生き延びたユダヤ人たちが行き着いた先がアメリカであった。現在アメリカ合衆国内にはおよそ五四二万人のユダヤ人が住んでおり、イスラエル以外の国では最大のユダヤ人口を抱える国となっている。多民族・多人種国家であるアメリカにおいて、ディアスポラとナショナリズムの関係はどのようなものであろうか。

アメリカ文化は、一七世紀のピルグリム・ファーザーズの時代から二〇世紀初頭にかけて長きに渡ってワスプすなわち、英国系白人でプロテスタントの人々がその主流を担ってきた。これについては、第1章と第11章で詳しく述べた。

アメリカ文化の伝統を考える場合、さらにもう一つの要素として、歴史学者リチャード・ホフスタッターがその著書で詳しく論じているような、建国以来根強くアメリカに存在する知性に対する反感つまり「反知性主義」というものを視野に入れておく必要がある。[20] 端的に言えば、古きアメリカの伝統は、プロテスタンティズムを基盤とする農村と小さな地方都市に代表されるものであり、大都市的かつコスモポリタン的な文化、抽象的諸概念、さらにはダーウィニズム、マルクス主義、フロイト主義などの新しい思潮、そして非プロテスタント教徒、有色人種はすべてその〈敵〉と見なされる、というものである。そうしたとき、ユダヤ系の知識人がその出自と思想内容から、この〈敵〉としての要素をとくに多く保持していることは自明である。

一八五〇年代、ニューヨークやシカゴの大都市で移民の総数が人口の半数以上になり始めていた時期にすでに、古きアメリカの伝統を維持しようとする動きが活発化し始めていた。一八四九年に創設された公的な移民排斥主義者の組織「アメリカ党」（American Party＝別名 Know-Nothing）が、実際に政治的な移民反対の運動を開始する。また一八六五年には、テネシー州で白人優越主義を掲げる秘密結社、クー・クラックス・クランが組織され、白人中心の排外的ナショナリズムの活動が始まる。

このような移民流入に対する一連の反発あるいは統一性志向の風潮（ネイティヴィズム）は、具体的に一九二四年制定の移民制限法（一九二四年移民法）に結実することになる。この法律は母国籍を同じくする集団にそれぞれ二パーセントを移民枠として配分するもので（原国籍割当制度）、事実上、アングロ・サクソン系の人口的優位性を確保するのがねらいだった。これによって一九世紀末以来大量に流入してきた新移民の時代は終わりを告げることになり、これによってワスプ系ナショナリズムの流れが制度的に確立したのである。

しかしそれからまもなく、このような流れに逆行するかのように、大恐慌のさなかフランクリン・ローズヴェルト大統領はニュー・ディールを推進するために、フェリックス・フランクファーターをはじめとするユダヤ系のリベラル知識人を政策立案のイデオローグとして側近に置いた（ブレーン・トラスト）。このような専門家を重用すること自体がアメリカ政治史上初めてのことであり、当然アメリカ政界やジャーナリズムのなかで猛烈な反発が起こり、「ブレーン・トラスト戦争」と呼ばれるほどであった。彼らは「非現実的で無責任、陰謀を好む実験主義者」などと非難され、さらにはその社会主義的傾向が「ロシアのイデオロギーに基づいている」とさえ言われた[21]。このような現象は、ホフスタッターが「アメリカの反知性主義」と呼ぶ傾向の一つの端的な表れであるが、これがもっと極端なかたちで現れたのが一九五〇年代の赤狩りである。

その一方で、第12章で見たように、ユダヤ系知識人のなかには冷戦の政治状況に積極的に適応する者も多く出てくる。ニューヨーク知識人を代表する文芸批評家ライオネル・トリリングは一九五二年の時点ですでにこう述べている――「知識人がこれほど権力と関連を持ったことは、おそらく歴史上かつてなかったであろう。そしていまや、知識人自体が一種の権力となってしまったのである[22]」。これは知識人を取り巻く環境の急激な変化に対するトリリングの戸惑いである（一九四八年にコロンビア大学で最初のユダヤ人英文学教授に就任したトリリング自身、一九三六年の時点では「ユダヤ人、マルクス主義者、フロイト主義者」という理由で講師契約更新を断られた経験があった）。だが、図らずも、このときの彼の感懐は近年のアメリカ政治の状況を予見しているともとれる。つまり、数年前までのブッシュ政権と「ネオコン」（新保守主義者）との密接な関係である。

ブッシュ政権の時代にネオコンと呼ばれる知識人集団が注目された。この一群はその多くがユダヤ系で、しかも系譜的には一九八〇年代にレーガン政権のブレーンとして活躍したアーヴィング・クリストルやノーマン・ポドレッツなどのニューヨーク知識人右派（当時すでに彼らは「新保守主義者」と呼ばれるようになっていた）の流れを汲む。このグループを代表する一人、ウイリアム・クリストルはアーヴィングの息子でさえある。半世紀前ならディアスポラのユダヤ人として周辺的存在でしかなかった彼らが、アメリカの保守政治の中枢に関わる存在にまでなってしまったのはなぜか。

第一の理由は、彼らユダヤ系知識人は、移民から三世代目で、しかも親の世代ですでにエスタブリッシュメントの地位にたどりついており、現在のポストへのアクセスが容易であった。第二に、彼ら自身学生時代にはニューレフトの経験がありながら、一九七〇年代以降急速に左翼運動が収束し、しかもその後マイノリティ・グループからの左翼主義的主張の方がより活発化したことで、白人中産知識階級全体が守勢にまわり（ユダヤ人といえどもすでに白人社会に同化しきっている）、その一部に保守的な見解に同調する者が多く出てきたこと、などが考えられる。しかし重要なのは、権力を握った者に見られる普遍的態度とでも言うべきものである。

前に見たように、一八世紀ヨーロッパの中産階級知識人に浸透していたヒューマニズム的な道徳意識は、彼らが一九世紀以降没落した貴族階級に代わって権力の座につき始めると、支配者ないし抑圧者の原理に逆戻りした。つまり、高邁な人文主義的理想は権力者のなかで、いとも簡単に現実主義的覇権志向すなわちマキャベリズムに変化しうるのである。フランス革命の自由・平等・博愛の精神は、ナポレオンが解放の名の下に他国を侵略するときの理念すなわち大義となり、結果自らが皇帝の座についた。旧ソ連のマルクス・レーニン主義の普遍理念も同じような経緯をたどった。

これらと同じことが、米軍がアフガンやイラクに侵攻したとき高らかに謳い上げた「アメリカ的信条」（民主主義、平等、自由など）についても言えるのではないであろうか。これらはいわば、普遍主義的イデオロギーに名を借りた、自国利益のための、他国家・他民族への介入であり抑圧である。このような現象には必ずナショナリズムないしはポピュリズム的要素がともなう。なぜなら、大きな政治的決定が大衆の動員を必要とするからだ。

これまで見てきたように、ユダヤ系の知識人たちは一九世紀のヨーロッパから二〇世紀のアメリカに至るまで、自らの特殊性ないしは他者性を克服せんがために普遍主義に傾倒してきた。それはディアスポラの民であることの宿命であったとも言えよう。しかし、権力の中枢に入り込んだユダヤ系知識人は、自らの普遍主義をアメリカの普遍主義に同一化し、グローバル・スタンダードという虚構を振りかざしながら、「世界帝国」さえも目論む集団と化した。これは大きな逆説である。

9・11以降にわかに沸き起こったアメリカ・ナショナリズムに乗じて、アメリカ軍は星条旗をはためかせながらイラク・アフガンへ侵攻した。多民族・多人種国家であるアメリカにとって、単一の人種や血によるナショナリズムは自己矛盾である。そうであるが故に〈国旗〉が彼らの国家理念と大義を体現するものとして重要となる。これを、ノーマン・メイラーがネオコンを非難するときに使った言葉「星条旗保守主義」(flag conservative) を言い換えて、(23)「星条旗ナショナリズム」と呼ぶこともできよう。戦争当時、巧妙に編集された映像で、現地の模様をアメリカの国民に伝えたのは、右寄りのフォックス・ニュースであった。その画面の左上にはつねに星条旗がはためいていた。

能力主義社会（メリトクラシー）のなかで順風満帆に階段を上りつめたユダヤ系のエリートたち、彼らに落とし穴がないとは限らない。ネオコンは確かにブッシュ政権の頭脳であったが、大統領選で多数票を集めているのはキリスト教原理主義者たちであり、彼らは元来反ユダヤ主義的感情を持っている。前にも述べたように、アメリカにほぼ完全に同化しているユダヤ人のあいだでも、その八割は反ユダヤ主義に重大な関心を寄せているという。社会宗教としてのアメリカ・ナショナリズムは必ずしもディアスポラのユダヤ人たちにとって安全なものであるとは言い切れないのである。

あとがき——映画『ハンナ・アーレント』を観て

本書の原稿がほぼ完成したころ、映画『ハンナ・アーレント』を観た。「アイヒマン裁判」によって生じた波紋を背景に、アーレントの思想家としての立場と、一私人としての生き方を描いた作品である。裁判の被告人アドルフ・アイヒマンは、元ナチ親衛隊員で、数百万に及ぶユダヤ人虐殺の遂行に関与したとして、いわゆる「人道に反する罪」で一九六二年にイスラエルで裁判にかけられる。その法廷での模様を記事にしてアメリカの雑誌社に送るのが、アーレントの役目だった。

映画で扱われた内容、つまり裁判をめぐる顛末に関しては、以前よりある程度は知っていた。だが、改めて映像化されたものを見たとき、この本で示したようなユダヤ人に関わる大きな枠組み、すなわち〈大衆〉と〈非大衆〉という構図が、新たな形で見えてきたような気がする。

アーレントは本書でも取り上げたが、ナチスの迫害を逃れてドイツからアメリカへ亡命したユダヤ人政治哲学者である。映画でも描かれていたように、彼女は、ハイデガーの弟子であり恋人であった。そしてハイデガー自身はナチ党員でもあった。だが、この事実はさほど大きな問題ではない。少なくとも映画では、強く扱われてはいない。

他方、容疑者アイヒマンは、第二次大戦中、ユダヤ人を収容所に移送する任務の最高責任者を務めていた。いわばユダヤ人にとっては最大の敵の一人とみなされて当然の人物である。だが、アーレントが法廷で目の当たりにしたアイヒマンは、大物の悪人といった風ではなく、つまり悪魔のようなイメージとはかけ離れた、主体性も思想もない、ただ命令を遂行するだけの「凡庸なる」役人でしかなかった。このことを伝えたアーレントの記事は、アメリカ社会、とりわけユダヤ人社会からの強い反発を招く。

一九六二年当時のアメリカ人には、ホロコーストの内実はすでによく知られていた。ナチスの犠牲者というイメージは、すでに社会的な進出が始まっていたユダヤ系の人々にとっては、世間に根強く残る偏見や差別感情を緩和するという意味で有利に働いた。そして、ナチスの暴虐に対しては、誰よりも自分たちがそれを裁く権利があり、またそれが義務であると彼らの多くは思っていた。そのような状況のもと登場したのが、アイヒマン裁判を伝えるアーレントの記事であった。

一般読者からの電話による猛烈な抗議、友人のユダヤ系知識人たちの離反、このような状況にあっても、アーレントは惑うことなく、独立自尊の思考者であり続けた。ここで浮かび上がった構図は、ホロコーストについての既成の事実認識と価値判断に与する多数者である大衆と、そこから距離を置き、新たな事実や発見に基づいてさらなる思考と判断を行う「非」大衆としての思考者との対照である。

映画の中のアーレントは言う、「ナチスは彼ら（ユダヤ人）を否定しました。つまり、彼らへの犯罪は人類への犯罪なのです。私はユダヤ人です。ご存知ね。私は攻撃されました。ナチスの擁護者で、同胞を軽蔑しているってね。何の論拠もありません」。またさらにこう付け加えた、「この裁判について書く者には、理解する責任があるのです！」[1]。

彼女から離反した知識人のうち、実際に映画に登場したのはライオネル・エイベルとノーマン・ポドレッツであった。いずれも本書で扱った「ニューヨーク知識人」に含まれる人物で、かつてはアーレントのよき友人であり協力者であった。結果的には、彼らは大衆の感情的な反応に同調した形になった。だがこのことは、その後の立場の違いを予見させるものでもあった。とくに、ポドレッツは一九六〇年代末から急速に保守化し、共和党政権の政策立案に関わるまでになる。つまり政治に直接関わることによって、彼の思考は、大衆動員を前提とすることとなり、知識人が本来果たすべき機能の一部を失うことになる。

ここで、本書で取り上げたエドワード・サイードの立言を思い起こすのは有効であろう——知識人とは集団的一体化への情熱に引きずられて思考するのではなく、超越的価値、つまり「あらゆる国家や民族に普遍的にあてはまる価値」に基づいて思考する人間である（第14章二三五頁）。

あくまで知識人であり、思考者であらんとするアーレントは、旧友から「イスラエルへの愛は？ 同胞に愛はないのか？」と問われたとき、こう答えた。「一つの民族を愛したことはないわ。ユダヤ人を愛せと？ 私が愛するのは友人、それが唯一の愛情よ」と。この言葉に彼女の思考者としてのスタンスが如実に表れている。

ところで、アイヒマンという人間の性格付けはどのようなものになるだろうか。彼は親衛隊に入隊する前は、専門学校を中退したのち職を転々としたいわば中流以下の人間で、上昇志向は強いが、教養も専門的な経験もない、非エリートであった。もちろん、ナチスのイデオロギーにも無縁であった。第14章でも書いたが、ナチスの運動に関わった人間の多くは「半端な教養しかない連中」であった。さらには、ホロコーストに直接関係した人間たちは、最も無教養な階層の出身であったという。人類最大の悪行ともいえるホロコーストを実際に遂行したのは、このような凡庸な人間たちであり、思考する能力さえも備わっていない連中であった。アーレントが伝えたアイヒマンとは、まさに、そのような人間の典型であった。

この映画を撮ったトロッタ監督がインタビューで言っているように、「アイヒマンは、たったの一文たりとも、正確な文法で話すことができない」人間であった。このような人間を裁くことが、はたしてホロコーストの悪を裁くことにつながるのであろうか。

アーレントは言う、「想像を絶する残虐行為と、彼の平凡さは同列に語れない」。とすれば、アーレントが記事の中で伝えたかったのは何か。それは、アイヒマンという個人ではなく、ホロコーストという「想像を絶する残虐行為」が現実化する際に機能する、凡庸なる精神の在りようそのものではなかったのか。

アーレントは、個別具体的な事例をもとに思考する場合でも、抽象化してそれを一つの類型として捉える傾向がある。アーレントが一九四四年に書いたチャップリン論もその一つで、チャップリンが実際にユダヤ人であるか否かは、彼女にとってはさほど重要な問題ではなかった。チャップリンという固有名詞を使って彼を論じるのは、チャップリンが「ユダヤ人のパーリア意識から生じる性格を芸術的なかたちで具現している」と彼女が考えるからである(2)。

この本の中でも、チャップリンの出自に関して議論した。チャップリンを同胞の一人として考えるか、あるいはアーレントのように、一つの類型として考えるか、それは一人一人のユダヤ人の個別的問題である。非ユダヤ人の私たちは、チャールズ・チャップリンという一映画人ではなく、むしろ彼の演じる「チャーリー」というキャラクターに、様々に思いを致すべきなのかもしれない。

◆

本書を上梓するにあたっては、様々な方々にお世話になった。最初にユダヤ人について一般読者向けの読みやすい一冊を書いてみてはどうかと、お勧めをいただいたのは、作家の佐藤洋二郎氏からであった。今から五年程前のことである。その後「ユダヤ人と大衆文化」というテーマを軸に書いたものを、いろいろな場所に発表して、いつの間にか、かなりの分量に達した。だが、出版までなかなか漕ぎ着けないままでいたところ、大学の紀要に載せた拙稿「暗黒街のユダヤ人」を偶然読まれた映画学者の岩本憲児氏から、「面白いから本になるのでは」と励まされ、早速、ゆまに書房をご紹介いただいた。本書出版のきっかけが、まずはこのお二人の後押しであったことをここに記し、謝辞とさせていただきたい。

さらに、原稿執筆に際しては、もちろん映画関係では岩本憲児氏、そして大学の同僚の村山匡一郎氏、ミュージカル関係ではアメリカ演劇の専門家である元立教大学教授の一ノ瀬和夫氏に貴重なご助言をいただいた。また、注の表記上の細かい問題に関しては研究室の同僚である植月恵一郎氏に教えを請うた。感謝を申し述べたい。

各章の初出の一覧は次のとおりである。いずれの場合も、手を加えたうえで本書に収録した。なお、第11章と第12章では、知識人と大衆という構図を描くのに、拙著『ニューヨーク知識人』の一部を再利用しているが、かなり加筆訂正した。

第1章　ゲットーからハリウッドへ――「アメリカ映画産業の興隆とユダヤ人」『日本大学精神文化研究所紀要』第三九集、二〇〇九年を改題。
第2章　黒い顔のユダヤ人とユダヤ的非ユダヤ人――同右。
第3章　ギャグの伝統、反体制の伝統――『江古田文学』第七九号、二〇一二年。

第4章　ブロードウェーとティン・パン・アレー――『江古田文学』第八〇号、二〇一二年。
第5章　ミュージカルの黄金時代――『江古田文学』第八一号、二〇一三年。
第6章　舞台からテレビへ――「スタンダップ・コメディアンの伝統」『江古田文学』第八二号、二〇一三年を改題。
第7章　「ユダヤ」をめぐる攻防――書き下ろし。
第8章　アニメーション――『江古田文学』第八三号、二〇一三年。
第9章　生活の中のユダヤ文化――『江古田文学』第八四号、二〇一四年。
第10章　暗黒街のユダヤ人――『日本大学芸術学部紀要』第五六号、二〇一二年。
第11章　アメリカ文化の分裂――拙著『ニューヨーク知識人』（彩流社、二〇〇〇年）から抜粋、加筆訂正。
第12章　六〇年代文化への対応――同右。
第13章　キッチュをめぐる議論――「キッチュとユダヤ系知識人」『ユダヤ・イスラエル研究』第二五号、二〇一一年を改題。
第14章　ディアスポラとナショナリズム――『日本大学精神文化研究所紀要』第三六集、二〇〇五年。

最後になったが、本書の企画段階から編集、出版に至るまで、様々なアイデアとご指摘を頂戴しただけでなく、掲載写真の収集にまでご尽力いただいた、ゆまに書房編集部の平沢桂さんには、この場を借りて改めて御礼申し上げたい。フレッシュな感覚と共同作業ができたことは僥倖であった。

二〇一四年二月

堀　邦維

あとがき

（1）あとがき内で引用している、映画の台詞とトロッタ監督の発言はすべて、本作品の日本公開時（2013年12月）に発売されたプログラムからのものである。

（2）ハンナ・アーレント、『パーリアとしてのユダヤ人』（寺島俊穂・藤原隆裕宣訳、未来社、1989年、原著は1978年）、38頁。

46. 3 (1979): 352-53. 引用文の訳文は、以下の本の福田歓一氏の訳を必要に応じて改変しながら利用した；『思想と思想家――バーリン選集1』（福田歓一・河合秀和編、岩波書店、1983年)。

(10) Elias, 158.

(11) Elias, 171.

(12) カール・マルクス、『ユダヤ人問題によせて／ヘーゲル法哲学批判序説』(城塚登訳、岩波書店、1974年)、62頁。

(13) Berlin, 349.

(14) Berlin, 349.

(15) Elias, 377.

(16) Berlin, 349.

(17) Elias, 362.

(18) Elias, 369.

(19) Elias, 442.

(20) Richard Hofstadter, *Anti-Intellectualism in America* (New York: Knopf, 1963) の中で詳しく論じられている。その最初の犠牲者は合衆国憲法の起草者トマス・ジェファソンだった、とホフスタッターは言う (127-33)。ワシントン後の大統領をめぐる選挙戦で反対派から、独立戦争を戦ったワシントンのような軍歴を持たないという理由で、「哲学者」のようなジェファソンは政治的リーダーつまり大統領としての資格がないと宣伝された。少なくともオバマの前までは、大統領にふさわしい人物として、知的側面より軍歴の方がアメリカの指導者の条件として重要であるとする考え方がアメリカにはあった。ちなみに、ホフスタッターも「ニューヨーク知識人」の一人である。

(21) Hofstadter, 190.

(22) Lionel Trilling, "Our Country and Our Culture," Symposium, *Partisan Review* 19. 3 (1952): 320.

(23) Norman Mailer, "Only in America," *New York Review of Books* 1, 5 (2003): 50.

体主義の起原』（1951）は例外であると言える。しかし、アーレントは「全体主義」としてのナチズムとスターリニズムを、一般的なナショナリズムと区別して考えている：ハンナ・アーレント『全体主義の起原 3』（大久保和郎・大島かおり訳、みすず書房、1974年）、21頁。原典は Hannah Arendt, *The Origins of Totalitarianism Part 3 Totalitarianism* (New York: Harcourt, 1951, 1968). それにもかかわらず、全体主義の発生のメカニズムを解明する彼女の分析の成果が、今日のナショナリズムを考える上で、決定的な示唆を与えていることは異論の余地がない。なお、バーリンはアーレントに対しては、極めて批判的である。

（3）グレイム・ギル、『スターリニズム』（内田健二訳、岩波書店、2004年）35-6頁。原典は Graeme Gill, *Stalinism*, 2nd Edition (Hampshire: Palgrave Macmillan, 1998).

（4）エドワード・W・サイード、『知識人とは何か』（大橋洋一訳、平凡社、1995年）、12頁。原典は Edward W. Said, *Representation of the Intellectuals: The 1993 Reith Lectures* (New York: Vintage, 1994).

（5）サイード、58頁。

（6）ギル、70頁。

（7）アーレント、xxv 頁。この「ユダヤ人世界陰謀説」を最初に世界に広めたのは、第 1 章で見たヘンリー・フォードであった。フォードは自ら経営する週刊新聞『ディアボーン・インディペンデント』（*The Dearborn Independent*）紙上で反ユダヤ主義キャンペーンを行う際、『シオンの議定書』を引き合いに出してユダヤ人陰謀説を展開した。それを自らの反ユダヤ主義に利用したのが、ヒトラーである。

（8）ノルベルト・エリアス、『ドイツ人論』（青木隆嘉訳、法政大学出版局、1996年）、149頁。青木氏の訳文は必要に応じて改変した。原典は Norbert Elias, *Studien über die Deutschen: Machtkämpfe und Habitusentwicklung im 19. und 20* (Frankfurt: Suhrkamp, 1990).

（9）Isaiah Berlin, "Nationalism: Past Neglect and Present Power," *Partisan Review*

ンギャルドが、キッチュに取って代わられようとする状況に対する、グリーンバーグの強い危機意識が表明されている：Greenberg, 9.

（11）Broch, “Notes on the Problem of Kitsch,” 55-56.

（12）John Keats 作の詩 “Ode on a Grecian Urn” の最後の一文を取ったもの。

（13）Broch, “Notes on the Problem of Kitsch,” 56-63.

（14）Greenberg, 11.「すべてのキッチュはアカデミー的であり、また逆に、アカデミー的であるものはすべてキッチュである」と断言している。

（15）Elias, 28.

（16）Broch, “Notes on the Problem of Kitsch,” 51.

（17）Elias, 32.

（18）Elias, 31.

（19）Elias, 33.

（20）Greenberg, 10.

（21）ハウは発言のなかで、シンポジウム参加者の全員ないしはほとんどがユダヤ人であることを示唆している――「ここに集まっている者のほとんど、おそらくは全員がキリスト教的な想像力を欠いている」：“On Kitsch”, Symposium, 249.

第14章　ディアスポラとナショナリズム

（1）ヨーロッパにおける議論は、ベネディクト・アンダーソンの『想像の共同体』(1983)、アーネスト・ゲルナーの『民族とナショナリズム』(1983)、アントニー・D・スミスの『ネイションとエスニシティ』(1986)、E・J・ホブズボームの『ナショナリズムの歴史と現在』(1990) などの著作を通じて、その成果を見ることができる。日本では、これらの研究から派生した議論もあるが、むしろ右寄りのナショナリズム論が目立つ。

（2）I・バーリン、J・ジャハンベグロー、『ある思想史家の回想』（河合秀和訳、みすず書房、1993年)、60頁。原典は Ramin Jahanbegloo, *Isaiah Berlin en Toutes Libertes* (Paris: Félin, 1991). ハンナ・アーレントの『全

（5） Broch, "Evil in the Value-System of Art," 37.

（6） Clement Greenberg, "Avant-Garde and Kitsch," *Partisan Review* 6. 5 (Fall 1939). 本章における引証は、Clement Greenberg, *Art and Culture: Critical Essays* (Boston: Beacon, 1961) から行う。

（7） Norbert Elias, "The Kitsch Style and The Age of Kitsch," *The Norbert Elias Reader: A Biographical Selection*, eds. Johan Goudsblom and Stephen Mennell (Oxford: Blackwell, 1998).

（8） Greenberg, 19-20.

（9） Hermann Broch, "Notes on the Problem of Kitsch," *Kitsch: An Anthology of Bad Taste*, ed. Gillo Doffles (London: Studio Vista, 1968), 65. 内容は前出のドイツでの講演と評論（注4）と重なる部分が多い。また、フリードレンダーの「高揚させる（uplifting）キッチュ」という用語は、ブロッホがこの講演で使っている「偽善的高揚」(hypocritical exaltation）に示唆を受けている可能性が高い（p.63)。

（10） 大衆誌『サタデー・イヴニング・ポスト』(*Saturday Evening Post*）の表紙を飾っていたノーマン・ロックウェルのイラストも、キッチュの典型として取り上げているが、こちらはワスプ中産階級の趣味とライフスタイルを典型的に示すものである：Greenberg, 9。さらに付け加えるなら、同誌は、1942年に、反ユダヤ主義的記事を掲載したことで、物議を醸した：Miltom Mayer, "The Case Against the Jew," *Saturday Evening Post* (March 28, 1942). この記事に対してアーヴィング・ハウはすぐさま反論し、そのなかで、『サタデー・イヴニング・ポスト』は「この国の物欲にとらわれたあらゆる俗人たち、すなわち中間層からなる大衆が読む雑誌である。そして、このマイヤーの記事によって、彼らに内在するユダヤ人に対する偏見がさらに助長されるのである」と述べている：Irving Howe, "*The Saturday Evening Post* Slanders the Jewish People," *Labor Action* 6. 14, (April 1942); 4. グリーンバーグはまた、キッチュは国境を越えて誰もが享受する「史上初の普遍文化」であるとも述べている。ここには、真の普遍文化であるべきアヴァ

(5) In Howe, *Beyond the New Left*, (Baltimore: McCall, 1970), 86.

(6) Sidney Hook, *Academic Freedom and Academic Anarchy* (New York: Cowles, 1970), 25-6.

(7) Susan Sontag, "Notes on 'Camp'," *Partisan Review* 31. 4 (1964): 513-29.

(8) Sontag, 530.

(9) Neil Jumonville, 222.

第13章　キッチュをめぐる議論

(1) "On Kitsch," Symposium, *Salmagandi: A Quartarly of the Humanities and Social Sciences*, nos. 85-86 (1990): 198-312. 以下、このシンポジウムからの引証は本文中のカッコ内頁番号によって行う。

(2) Saul Friedlander, *Reflections of Nazis: An Essay on Kitsch and Death* (New York: Harper & Row, 1984) フリードレンダーは1932年にプラハに生まれたユダヤ人で、ナチの迫害を逃れてフランスからイスラエルへと移住した。1988年から UCLA の教授。

(3) Milan Kundera, *The Unbearable Lightness of Being*, trans. Michael Henry Heim (New York: Harper & Row, 1984).

(4) 講演「長編小説の世界像」は、1955年にライン・フェアラーク社から出版されたブロッホ全集に収められている：Hermann Broch, "Das Weltbild des Roman," *Dichten und Ereken: Essays, Band 1* (Zurich: Rhein-Verlag, 1955), 211-38. なお、この全集の編集にあたったのは、ハンナ・アーレントであった。また、評論「芸術の価値体系のなかの悪」は、1975年からズールカンプ社から刊行される全集に収録されている：Hermann Broch, "Das Bose im Wertsystem der Kunst," *Schriften zur Literatur 2: Theorie* (Frankfurt am Main: Suhrkamp, 1975), 119-57. 以下、この評論からの本稿での引証はすべて、英訳版 Hermann Broch, "Evil in the Value-System of Art," *Geist and Zeitgeist*, ed. and trans, Johan Hargraves (New York: Counterpoint, 2002), 3-39からのものである。ブロッホはこの評論の第５章で、キッチュ論を展開している。

（5）Alfred Kazin, *A Walker in the City*（New York: Grove, 1951）, 172.

（6）Kazin, A Walker, 171-72.

（7）Clement Greenberg, "Avant-Garde and Kitsch," *Partisan Review* 6. 5（Fall 1939）: 39.

（8）ハイカルチャーとアヴァンギャルドは、いずれもキッチュに対立する概念であるが、ニューヨーク知識人たちは、明らかに、アヴァンギャルドだけに加担していたように思われる。たとえば、クラッシック音楽やルネッサンス美術などの古典的なハイカルチャーを積極的に論じることはなかった。また、第3章で扱ったマルクス兄弟は、オペラを揶揄するパロディー映画を作っている（『オペラは踊る』1935年）。これは、大衆文化の側からの、ハイカルチャーへの攻撃であるが、知識人もマルクス兄弟も、既成の文化的価値あるいはエスタブリッシュメントへの反感は共通して持っていたと言える。

（9）"Our Country and Our Culture," Symposium, *Partisan Review* 19. 3-5（1952）: 590.

（10）"Our Country and Our Culture," 315.

（11）Quoted in Neil Jumonville, *Critical Crossings: The New York Intellectuals in Postwar America*（Berkley: U. of California P, 1991）, 189. 引用はジュモンヴィルによる。

（12）Paul Goodman, *Growing Up Absurd*（New York: Random, 1960）, 175.

第12章　六〇年代文化への対応

（1）Norman Mailer, *The Armies of the Night: History as a Novel/The Novel as History*（New York: Plume, 1968）, 256.

（2）In Todd Gitlin, *The Sixties: Years of Hope, Days of Rages*（New York: Bantam, 1987）, 239.

（3）Lionel Trilling, *Beyond Culture: Essays on Literature and Learning*（New York: Harcourt, 1979）, 3-27.

（4）In Jumonville, 114.

（16）Rockaway, 25.

（17）Rockaway, 143. このレプケの生涯は、1974年に映画化されている。原題は *Lepke* で、邦題は『暗黒街の顔役』（1974)。レプケを演じたのはユダヤ系俳優のトニー・カーチスであった。

（18）Dennis Eisenberg, Uri Dann and Eli Landau, *Meyer Lansky: Mogul of the Mob* (New York: Paddington Press, 1979), 184-86.

（19）Eisenberg, et al., 185.

（20）Rockaway, 230.

（21）Rockaway, 232. このギャングの名は、Max "Puddy" Hinkes.

（22）Eisenberg et al., 296.

（23）Rockaway, p.247.

（24）Robert Lacey, *Little Man: Meyer Lansky and the Gangster Life* (Boston: Little Brown and Company, 1991), 338.

第Ⅱ部　「非」大衆としてのユダヤ人

第11章　アメリカ文化の分裂

（1）Alfred Kazin, *Starting Out in the Thirties* (Ithaca: Cornell UP, 1989), 4.

（2）原著名は、*The Passing of the Great Race; or, The Racial Basis of European History* であった。この本が言及された作品は、F. Scott Fitzgerald, *The Great Gatsby*（1925）で、作品の中では、*"The Rise of the Colored Empire"*（「有色人種帝国の興隆」）というふうに変えられている。なおこの作品には、ウォルフシャイムというユダヤ人が登場する。第10章参照。

（3）自殺したのは俳優のフィリップ・ローブである（第７章参照)。また、60年代に『屋根の上のバイオリン引き』で有名になるゼロ・モステルも、この時期にブラック・リストに載せられた。いずれもユダヤ系である。

（4）Joseph Dorman, *Arguing the World* (Chicago: U of Chicago P, 2001), 41.

(New York: Harper & Row Publishers, 1962), 230-31.

（２）Stephen Fox, *Blood and Power: Organized Crime in Twenty Century America* (New York: William Morrow and Company, 1989), 24-35.

（３）Robert A. Rockaway, *But He Was Good to His Mother* (Jerusalem: Gefen Publishing House, 2000), 81-3.

（４）Rockaway, 10.

（５）Michael Alexander, *Jazz Age Jews* (Princeton: Princeton UP, 2001), 24.

（６）Alexander, 48-54.

（７）Leo Katcher, *The Big Bankroll: The Life and Times of Arnold Rothstein* (New York : Da Capo Press, 1994; Originally published: New York: Harper, 1959), 9.

（８）Rich Cohen, *Tough Jews: Fathers, Sons and Gangsters Dreams* (London: Vintage, 1998), 42. ユダヤ・ゲットーの少年たちの非行化率の高さを具体的な数値で示している。1906年の統計によると、「ニューヨークの少年裁判所に送られるすべての少年の内、20～30％がユダヤ系で占められていた」、という。その主たる原因は、「家での生活が耐えられなかった」からだという。住環境の悪さと貧困がどれほどのものであったかが窺い知れる。Irving Howe, *World of Our Fathers* (New York: Harcourt Brace Jovanovich, 1976), 263.

（９）この当時、苦学して学問で身を立てることを選んだユダヤ系知識人たちを総称して「ニューヨーク知識人」と呼ぶが、彼らは戦後アメリカの知的分野を牽引するほどの力を持つようになる。第11章参照。

（10）Rockaway, 60-1.

（11）Cohen, 42.

（12）Cohen, 42-3.

（13）Carl Sifakis, *The Encyclopedia of American Crime* (New York: Facts on File, 1984), 642.

（14）Rockaway, 144.

（15）Rockaway, 145.

田由美子・山川純子訳、ゆまに書房、2012年）、106頁。原典は Stephen Cavalier, *World History of Animation*（SA: Roto Vision, 2011）.

（８）Jules Feiffer, "Jerry Siegel: The Minsk Theory of Krypton," *New York Times Magazine*, Dec.29, 1996, 14-5.

（９）Jeff Salamon, "Up, Up, and Oy Vay! The Further Adventures of Supermensch," *Village Voice*, Aug.4, 86-8.

（10）Sito, 95.

（11）Sito, 97.

第９章　生活の中のユダヤ文化

（１）Glenn C. Altschuler, "Three Centuries of Bagels: The Evolution of a 'Modest Bread'," *The Jewish Daily Forward*.14 November 2008. Web. 15 August 2013.

（２）Jane and Michael Stern, *Jane and Michael Stern's Encyclopedia of Pop Culture: An A to Z of Who's Who and What's What, from Aerobics and Bubble Gum to Variety of the Dolls and Moon Unit Zappa*（New York: Harper Collins Publishers, 1992）, 226-28.

（３）Nathaniel Popper, "Amusement Parks," Paul Buhle, ed., Vol.3, 110-11.

（４）Elizabeth E. Greenberg, "Fashion," Paul Buhle, ed., Vol.3, 131-32.

（５）Greenberg, 141-44.

（６）Lynn Downey, "A Short History of Denim", *Levi Strauss and Co. Historian*, 2007. 25 August 2011. Web.

（７）Jennifer Siegal, "How to Make a Poet: Jewish Department Store Moguls and the American Dream," Paul Buhle, ed., Vol.1, 170-74.

（８）Siegal, 176.

（９）Siegal, 175.

（10）Siegal, 179.

第10章　暗黒街のユダヤ人

（１）Andrew Sinclair, *Era of Excess: A Social History of the Prohibition Movement*

（9）Hoberman and Shandler, 228-29.

第7章　「ユダヤ」をめぐる攻防

（1）Hoberman and Shandler, 115.

（2）Vincent Brook, "Bring in the Klowns: Jewish Television Comedy since the 1960s," Buhle ed., Vol.1, 242

（3）Brook, 245-46.

（4）*Ibid.* 247.

（5）Zurawick, 204-205.

（6）Ethan Brown, "The YadaYada," *Seinfeldscripts*, 24 April 1997. Web. 5 March. 2013.

第8章　アニメーション

（1）Tom Sito, "Animation," Paul Buhle, ed. Vol.1, 85-6.

（2）Sito, 86. このように、アメリカのアニメーションは当初から、新聞、劇場、それに広告業界との結びつきが強く、そこにはおのずから商業主義的な要素が強く働いていた。それに比して、ヨーロッパでは、コクトー、ダリ、ピカソらは、アニメーションを新しい芸術メディアとして捉えていた。ヨーロッパのアーティストたちにとっては、アニメーションは映画とともにアヴァンギャルドで実験的な新しい芸術表現の手段となり、次々と意欲的な作品が試みられた。

（3）Sito, 87.

（4）Sito, 88-9.

（5）Amelia S. Holberg, "Bubbie Boop," Hoberman and Shandler, 164.

（6）レオナルド・マルティン、『マウス・アンド・マジック——アメリカアニメーション全史』（出口丈人ほか訳、楽工社、2010年）、221頁。原典は Leonard Maltin, *Of Mice and Magic: A History of American Animated Cartoons*; Revised and Updated（New York: Plume Books, 1987）.

（7）スティーヴン・キャヴァリア、『世界アニメーション歴史事典』（中

Berlin," *American Heritage* (Nov. 1998): 74-84.

第5章　ミュージカルの黄金時代

（1）Most, 107-116.

（2）Most, 194.

（3）Most, 197.

（4）拙著、『ニューヨーク知識人——ユダヤ的知性とアメリカ文化』（彩流社、2000年）参照。

（5）Henry Bial, *Acting Jewish: Negotiating Ethnicity on the American Stage and Screen* (Ann Arbor: U of Michigan P, 2005), 67.

（6）Adam Sweeting, "Marvin Hamlisch obituary: Oscar-winning Composer Who Found Success on Broadway with A Chorus Line," *The Guardian*, 8 August 2012. Web. 13 July 2013.

第6章　舞台からテレビへ

（1）David Zurawick, *The Jews of Prime Time* (Hanover: UP of New England and Brandeis UP, 2003), 9.

（2）Kathy M. Newman, "Jewish Comedy Writers of the 1950s and 1960s," Paul Buhle ed. Vol.1, 219.

（3）舞台用語としてのこのスケッチという言葉は、1950年ごろには、すでに日本に輸入されており、実際に浅草の劇場で使われていた。永井荷風が、随筆でそのことを書いている。『荷風随筆集（下）』（岩波書店、1986年）、253頁。

（4）Newman, 214.

（5）Newman, 214-15.

（6）Newman, 217.

（7）Hoberman and Shandler, 222.

（8）John Cohen, ed. *The Essential Lenny Bruce* (New York: Ballantine Books, 1974), 50-51.

1982), 253. 引用はパールマッターによる。

（３）Dan M. Bronstein, "Making a Scene: Jews, Stooges, and Censors in Pre-War Hollywood," Paul Buhle, ed. Vol.1, 73.

（４）Bronstein, 76.

（５）Bronstein, 81-82. なお、この時期のワーナー・ブラザーズやディズニーのアニメーション作品でも、ドイツ軍や日本軍と戦うキャラクターが登場していた。

（６）最初の大規模な反ユダヤ・キャンペーンは、1920年代の自動車王ヘンリー・フォードによるもので、彼は自分の会社の組織力と名声を利用して、全米的規模で展開した。その中で、ユダヤ系映画人をアメリカ社会の敵であるとして糾弾した。

（７）Hoberman and Shandler, 68.

第４章　ブロードウェーとティン・パン・アレー

（１）Andrea Most, *Making Americans: Jews and the Broadway Musical* (Cambridge, Mass: Harvard UP, 2004), 15.

（２）アーサー・シュレジンガー・ジュニア、『アメリカの分裂――多文化社会についての所見』（都留重人監訳、岩波書店、1992年）、29頁。原典は、Arthur Schlesinger, Jr, *The Disuniting of America: Reflections on a Multicultural Society* (New York: Whittle Books, 1991).

（３）Most, 17.

（４）Nathaniel Popper, "Amusement Parks," Paul Buhle, ed. *Jews and American Popular Culture Volume 3: Sports, Leisure and Lifestyle* (Westport, CT: Praeger Publishers, 2007), 109.

（５）Ian Whitcomb, *Irving Berlin and Ragtime America* (New York: Limelight Editions, 1988), 199.

（６）Padfoot Pet, "Anything You Can Do I Can Do Better," *You Tube.*, 15 Dec. 2008. Web. 13 Apr 2001.

（７）Susannah McCorkle, "Always: A Singer's Journey Through the Life of Irving

（9） Hoberman and Shandler, 61.

（10） Hoberman and Shandler, 64.

第2章　黒い顔のユダヤ人とユダヤ的非ユダヤ人

（1） この祈祷文はKol Nidreと呼ばれ、ユダヤ教の贖罪の日（Yom Kippur）の前夜に歌われる聖歌。

（2） Mathew Frye Jacobson, "Looking Jewish, Seeing Jews," Ardis Cameron, ed., *Looking for America*, (Malden, MA: Blackwell, 2005), 287-8. この著作のなかでジェイコブソンは19世紀末のある新聞記事を引用し、他の移民は2、3世代で人種的にアメリカ化する一方で、ユダヤ人はいつまでもユダヤ人的な顔の特徴を失わない、という俗説が流布していたことを指摘している。

（3） Sholem Aleichem, *Adventures of Mott the Cantor's son*, trans., Tamara Khana (New York: Collier Books, 1961), 216.

（4） Hannah Arendt, *The Jew as Pariah: Jewish Identity and Politics in the Modern Age* (New York: Grove Press, 1978), 79-80.

（5） Albert Goldman, "Laughtermakers," Sarah Blacher Cohen, ed., *Jewish Wry: Essays on Jewish Humor* (Bloomington: Indiana UP, 1987), 81-2.

（6） Michael Alexander, *Jazz Age Jews* (Princeton: Princeton UP, 2001), 146.

（7） Hoberman and Shandler, 37-38.

（8） Hoberman and Shandler, 35.

（9） Jean-Paul Sartre, *Reflexions sur la Question Juive* (Paris: Gallimard, 1954; first published., 1946), 83.

第3章　ギャグの伝統、反体制の伝統

（1） Albert Goldman, "Laughtermakers," Sarah Blacher Cohen ed. (Bloomington: Indiana UP, 1987), 82.

（2） Quoted in Ruth Perlmutter, "The Melting Pot and Humoring of America: Hollywood and the Jew," *Film Reader* 5 (Evanston, Ill.: Northwestern UP,

注

第Ⅰ部　アメリカ大衆文化を担ったユダヤ人

第1章　ゲットーからハリウッドへ

（1）Arthur Hertzberg, *The Jews in America: Four Centuries of an Uneasy Encounter*（New York: Columbia UP, 1986）, 141.

（2）J. Hoberman and Jeffrey Shandler, *Entertaining America: Jews, Movies, and Broadcasting*（New York: The Jewish Museum, 2004）, 23.

（3）Judith Thissen, "National and Local Movie Moguls: Two Patterns of Jewish Showmanship in Film Exhibition," Paul Buhle, ed., *Jews and American Popular Culture Vol. 1: Movies, Radio, and Television*（Westport, CT: Prager Perspective, 2007）, 14.

（4）Dennis B. Klein, "The Notes on the Ethnic Origins of an American Obsession," Paul Buhle ed., Vol.1, 7.

（5）Hoberman and Shandler, 49.

（6）Klein, 4.

（7）Quoted in Hoberman and Shandler, 51-2. 引用はホバーマンによる。

（8）フォードは一連の反ユダヤ・キャンペーンの中で、『シオンの議定書』と呼ばれる文書を取り上げている。英語の題名は *The Protocols of the Elders of Zion* で、1890年代の終わりから1900年代の初めにかけてロシア語版が出版されて以降、各国語に翻訳され、ユダヤ人が世界征服をもくろんでいるという風聞を世界中に広めた。実はこの本は、ユダヤ人を陥れるための偽書であるということが判明している。しかし、フォードだけでなく、ヒトラーにも影響を与え、ホロコーストを引き起こす原因の１つとなった。

宜訳、未来社、1989年）
――.『全体主義の起原3―全体主義』（大久保和郎・大島かおり訳、みすず書房、1974年）
マルクス、カール『ユダヤ人問題によせて／ヘーゲル法哲学批判序説』（城塚登訳、岩波書店、1974年）
エリアス、ノルベルト『ドイツ人論―文明化と暴力』（青木隆嘉訳、法政大学出版局、1996年）
キャヴァリア、スティーヴン『世界アニメーション歴史事典』（中田由美子・山川純子訳、ゆまに書房、2012年）
ギル、グレイム『スターリニズム』（内田健二訳、岩波書店、2004年）
クンデラ、ミラン『存在の耐えられない軽さ』（千野栄一訳、集英社、1993年）
サイード、エドワード・W『知識人とは何か』（大橋洋一訳、平凡社、1995年）
サルトル、J・P『ユダヤ人』（安堂信也訳、岩波書店、1956年）
ソンタグ、スーザン「〈キャンプ〉についてのノート」『反解釈』（高橋康也ほか訳、竹内書店、1971年［筑摩書房、1996年］）
永井荷風『荷風随筆集（下）』（野口冨士男編、岩波書店、1986年）
バーリン、アイザィア、J・ジャハンベグロー『ある思想史家の回想――アイザィア・バーリンとの対話』（河合秀和訳、みすず書房、1993年）
フリードレンダー、サユル『ナチズムの美学――キッチュと死についての考察』（田中正人訳、社会思想社、1990年）
マルティン、レオナルド『マウス・アンド・マジック――アメリカアニメーション全史』（出口丈人ほか訳、楽工社、2010年）
村山匡一郎編『映画史を学ぶクリティカル・ワーズ』（フィルムアート社、2003年）

Sartre, Jean-Paul. *Reflexions sur la Question Juive*. Paris: Gallimard, 1954; first published, 1946.

Schlesinger, Jr, Arthur. *The Disuniting of America: Reflections on a Multicultural Society*. New York: Whittle Direct Books, 1991.

Sito, Tom. "Animation." *Jews and American Popular Culture: Movies, Radio, and Television*. Ed. Paul Buhle. Vol. 1. Westport, CT: Prager Perspective, 2007.

Sinclair, Andrew. *Era of Excess: A Social History of the Prohibition Movement*. New York: Harper & Row Publishers, 1964.

Siegal, Jennifer. "How to Make a Poet: Jewish Department Store Moguls and the American Dream." *Jews and American Popular Culture: Sports, Leisure and Lifestyle*. Ed. Paul Buhle. Vol. 3. Westport, CT: Prager Perspective, 2007.

Susan Sontag, "Notes on 'Camp'." *Partisan Review* 31. 4（1964）.

Stern, Jane and Michael. *Jane and Michael Stern's Encyclopedia of Pop Culture: An A to Z of Who's Who and What's What, from Aerobics and Bubble Gum to Variety of the Dolls and Moon Unit Zappa*. New York: Harper Collins Publishers, 1992.

Sweeting, Adam. "Marvin Hamlisch Obituary: Oscar-winning Composer Who Found Success on Broadway with A Chorus Line," *The Guardian*. 8 Aug. 2012. Web. 10 Aug. 2012.

Thissen, Judith. "National and Local Movie Moguls: Two Patterns of Jewish Showmanship in Film Exhibition." *Jews and American Popular Culture: Movies, Radio, and Television*. Ed. Paul Buhle. Vol. 1. Westport, CT: Prager Perspective, 2007.

Trilling, Lionel. *Beyond Culture: Essays on Literature and Learning*. New York: Harcourt, 1979; first published, 1965.

Whitcomb, Ian. *Irving Berlin and Ragtime America*. New York: Limelight ed. 1988.

Zurawick, David. *The Jews of Prime Time*. Hanover: University Press of New England and Brandeis UP, 2003.

〈和文〉

アーレント、ハンナ『パーリアとしてのユダヤ人』（寺島俊穂・藤原隆裕

port, CT: Prager Perspective, 2007.

Kundera, Milan. *The Unbearable Lightness of Being*, Trans. Michael Henry Heim. New York: Harper & Row, 1984.

Mailer, Norman. *The Armies of the Night: History as a Novel/The Novel as History.* New York: New American Library, 1968.

Maltin, Leonard. *Of Mice and Magic: A History of American Animated Cartoons.* Rev. ed. New York: Plume Books, 1987.

Mayer, Milton "The Case Against the Jew." *Saturday Evening Post* (March 28, 1942).

McCorkle, Susannah. "Always: A Singer's Journey Through the Life of Irving Berlin," *American Heritage* (Nov. 1998).

Most, Andrea. *Making Americans: Jews and the Broadway Musical.* Cambridge, Mass: Harvard UP, 2004.

Newman, Kathy M. "Jewish Comedy Writers of the 1950s and 1960s." Ed. Paul Buhle. *Jews and American Popular Culture: Movies, Radio, and Television.* Vol. 1. Westport, CT: Prager Perspective, 2007.

"On Kitsch: Symposium." *Salmagandi: A Quartarly of the Humanities and Social Sciences*, nos. 85-86 (1990): 198-312.

"Our Country and Our Culture: Symposium." *Partisan Review* 19. 3-5 (1952).

Perlmutter, Ruth. "The Melting Pot and Humoring of America: Hollywood and the Jew," *Film Reader* 5 (1982).

Popper, Nathaniel. "Amusement Parks." *Jews and American Popular Culture: Sports, Leisure and Lifestyle.* Ed. Paul Buhle. Vol. 3. Westport, CT: Praeger Publishers, 2007.

Rockaway, Robert A. *But He Was Good to His Mother: The Lives and Crimes of Jewish Gangsters.* Jerusalem: Gefen Publishing House, 2000.

Said, Edward W. *Representation of the Intellectuals: The 1993 Reith Lectures.* New York: Vintage, 1994.

Salamon, Jeff. "Up, Up, and Oy Vay! The Further Adventures of Supermensch." *Village Voice* (August 4, 1992).

Gitlin, Todd. *The Sixties: Years of Hope, Days of Rages*. New York: Bantam, 1987.

Goodman, Paul. *Growing Up Absurd*. New York: Random, 1960.

Greenberg, Clement. "Avant-Garde and Kitsch." *Partisan Review* 6. 5 (Fall 1939).

——. *Art and Culture: Critical Essays*. Boston: Beacon, 1961.

Greenberg, Elizabeth E. "Fashion." *Jews and American Popular Culture: Sports, Leisure and Lifestyle*. Ed. Paul Buhle. Vol. 3. Westport, CT: Prager Perspective, 2007.

Hertzberg, Arthur. *The Jews in America: Four Centuries of an Uneasy Encounter*. New York: Columbia UP, 1997; first published, 1989.

Hoberman, J. and Jeffrey Shandler, *Entertaining America: Jews, Movies, and Broadcasting*. New York: The Jewish Museum, 2003.

Holberg, Amelia S. "Bubbie Boop." Quoted in J. Hoberman and Jeffrey Shandler. *Entertaining America: Jews, Movies, and Broadcasting*.

Hook, Sidney. *Academic Freedom and Academic Anarchy*. New York: Cowles, 1970.

Howe, Irving. *Beyond the New Left*. New York: McCall, 1970.

——. "*The Saturday Evening Post* Slanders the Jewish People." *Labor Action* 6. 14, (April 1942).

——. *World of Our Fathers*. New York: Harcourt Brace Jovanovich, 1976.

Jacobson, Mathew Frye. "Looking Jewish, Seeing Jews." *Looking for America*. Ed. Ardis Cameron. Malden. MA: Blackwell, 2005.

Jahanbegloo, Ramin. *Isaiah Berlin en Toutes Libertés*. Paris: Editions du Félin, 1990.

Jumonville, Neil. *Critical Crossings: The New York Intellectuals in Postwar America*. Berkley: U. of California P, 1991.

Katcher, Leo. *The Big Bankroll: The Life and Times of Arnold Rothstein*. New York: Da Capo Press, 1994; Originally published: New York: Harper, 1959.

Kazin, Alfred. *Starting Out in the Thirties*. Ithaca: Cornell UP, 1989. Reprint; Originally published: Boston: Little, Brown, 1965.

——. *A Walker in the City*. New York: Grove, 1951.

Klein, Dennis B. "The Notes on the Ethnic Origins of an American Obsession." *Jews and American Popular Culture: Movies, Radio, and Television*. Ed. Paul Buhle. West-

Bronstein, Dan M. "Making a Scene: Jews, Stooges, and Censors in Pre-War Hollywood." *Jews and American Popular Culture: Movies, Radio, and Television*. Ed. Paul Buhle. Vol. 1. Westport, CT: Prager Perspective, 2007.

Brook, Vincent. "Bring in the Klowns: Jewish Television Comedy since the 1960s." *Jews and American Popular Culture: Movies, Radio, and Television*. Ed. Paul Buhle. Vol. 1. Westport, CT: Prager Perspective, 2007.

Buhl, Paule, ed. *Jews and American Popular Culture: Movies, Radio, and Television*. Vol. 1. Westport, CT: Prager Perspective, 2007.

——ed. *Jews and American Popular Culture: Sports, Leisure, and Lifestyle*. Vol. 3. Westport, CT: Prager Perspective, 2007.

Cohen, John, ed. *The Essential Lenny Bruce*. New York: Ballantine Books, 1967.

Cohen, Rich. *Tough Jews: Fathers, Sons and Gangsters Dreams*. London: Vintage, 1998.

Downey, Lynn. "A Short History of Denim." *Levi Strauss & Co. Historian*. 2007 Web. 25 Aug. 2011.

Goldman, Albert. "Laughtermakers." *Jewish Wry: Essays on Jewish Humor*. Ed. Sarah Blacher Cohen. Bloomington: Indiana UP, 1987.

Dorman, Joseph. *Arguing the World*. Chicago: U of Chicago P, 2001.

Feiffer, Jules "Jerry Siegel: The Minsk Theory of Krypton." *New York Times Magazine* (29 Dec. 1996).

Elias, Norbert. "The Kitsch Style and The Age of Kitsch." *The Norbert Elias Reader: A Biogrphical Selection*. Eds. Johan Goudsblom and Stephen Mennell Oxford UK: Blackwell, 1998.

——. *Studien über die Deutschen: Machtkämpfe und Habitusentwicklung im 19. und 20*. Frankfurt: Suhrkamp, 1990.

Fox, Stephen. *Blood and Power: Organized Crime in Twentieth Century America*. New York: William Morrow and Company, 1989.

Friedlander, Saul. *Reflections of Nazism: An Essay on Kitsch and Death*. New York: Harper & Row, 1984.

引証文献一覧

＊本書で引用した〈欧文〉文献のほとんどは、著者が原文から直接訳したものである。訳す際に参照した翻訳文献ないし参考文献も〈和文〉文献のなかに含まれている。

〈欧文〉

Alexander, Michael. *Jazz Age Jews*. Princeton: Princeton UP, 2001.

Altschuler, Glenn C. "Three Centuries of Bagels: The Evolution of a 'Modest Bread'." 2008. Web. 12 Dec. 2011.

Arendt, Hannah. *The Jew as Pariah: Jewish Identity and Politics in the Modern Age*. New York: Grove Press, 1978.

——. *The Origins of Totalitarianism Part 3 Totalitarianism*. New York: Harcourt, 1951.

Berlin, Isaiah, "Nationalism: Past Neglect and Present Power." *Partisan Review* 46. 3 (1979) .

Bial, Henry. *Acting Jewish: Negotiating Ethnicity on the American Stage and Screen*. Ann Arbor: U of Michigan P, 2005.

Broch, Hermann. "Evil in the Value-System of Art." *Geist and Zeitgeist: the Spirit in an Unspiritual Age*. Ed. and trans. Johan Hargraves. New York: Counterpoint, 2002.

——. "Notes on the Problem of Kitsch." *Kitsch: An Anthology of Bad Taste*. Ed. Gillo Dorfles. London: Studio Vista, 1969.

Brown, Ethan. "The YadaYada." *Seinfeldscripts*. 24 April 1997. Web. 5 March 2013.

図版出典一覧

※写真協力　公益財団法人川喜多記念映画文化財団

図 1　『ジャズ・シンガー』原題：*The Jazz Singer*
1927年、アメリカ、アラン・クロスランド監督
日本劇場公開1930年

図 2　『アメリカ交響楽』原題：*Rhapsody in Blue*
1945年、アメリカ、アーヴィング・ラパー監督
日本劇場公開1947年

図 3　『チャップリンの独裁者』原題：*The Great Dictator*
1940年、アメリカ、チャールズ・チャップリン監督
日本劇場公開1960年

図 4　『マルクス兄弟　デパート騒動』原題：*The Big Store*
1941年、アメリカ、チャールズ・F・ライスナー監督
日本劇場公開1951年

図 5　『ウエスト・サイド物語』原題：*West Side Story*
1961年、アメリカ、ロバート・ワイズ／ジェローム・ロビンス監督
日本劇場公開1961年

図6　『ビリー・バスゲイト』原題：*Billy Bathgate*
1991年、アメリカ、ロバート・ベントン監督
日本劇場公開1992年

た

ち

て

と

な

に

ね

の

は

ひ

事項索引

ム

メ

モ

ラ

リ

ル

レ

ロ

ワ

ヒ

フ

ヘ

ホ

マ

ミ

ソ

タ

チ

テ

ト

ナ

ニ

ネ

ハ

ケ

コ

サ

シ

ス

人名索引

著者紹介

堀 邦維（ほり・くにしげ）

1954年生まれ。現在、日本大学芸術学部教授。1999年から2000年までケンブリッジ大学客員研究員。専攻は現代ユダヤ文化。主な著書に『ニューヨーク知識人――ユダヤ的知性とアメリカ文化』（彩流社、2000年）、『ノベルト・エリアスと21世紀』（成文堂、2003年、共著）、『現代の英米作家100人』（鷹書房弓プレス、1997年、共編著）などがある。

ゆまに学芸選書
ULULA
11

ユダヤ人と大衆文化

2014年4月25日　第1版第1刷発行

［著者］　堀 邦維

［発行者］　荒井秀夫

［発行所］　株式会社ゆまに書房

〒101-0047　東京都千代田区内神田2-7-6

tel. 03-5296-0491 / fax. 03-5296-0493

http://www.yumani.co.jp

［組版・印刷・製本］　新灯印刷株式会社

ISBN978-4-8433-4546-7 C1336

……〝書物の森〟に迷い込んでから数え切れないほどの月日が経った。〝ユマニスム〟という一寸法師の脇差にも満たないような短剣を携えてはみたものの、数多の困難と岐路に遭遇した。その間、あるときは夜行性の鋭い目で暗い森の中の足元を照らし、あるときは聖母マリアのような慈愛の目で迷いから解放し、またあるときは高い木立から小動物を射止める正確な判断力で前進する勇気を与えてくれた、守護神「ULULA」に深い敬愛の念と感謝の気持ちを込めて……

2009年7月

株式会社ゆまに書房